法隆寺を科学する

法隆寺和銅移建論

天野正樹

白馬社

序

飯山　一郎

本書を一読、二読、三読…、読めば読むほどに、日本史最大の謎、「法隆寺の謎」が解け、日本の古代史の「謎」までが解けてきて、目の前が明るくなる！

まさしく本書は、本来の意味での『啓蒙』と『啓発』の書である。

ちなみに…、

『啓蒙』とは、正しい知識で物事の本質が良く見えるようになること。

『啓発』とは、人が気づかずにいるところを教え示して、より高い認識・理解に導くこと。

『法隆寺を科学する』を読み進めていくと、「正しい知識とは何か？」ということを真剣に考えるようになる。求めるようになる。

しかし読者は、最初、今まで「正しい知識」と思っていたことが間違いだった！　と気づかされ、ショックを受けるだろう。

たとえば、「法隆寺は天智九年（六七〇年）に全焼した！」という『日本書紀』の記述は大間違いである！　と気づかされたときの精神的なショックは大きい。『日本書紀』は厳然たる事実として「法隆寺全焼！」と記述した。この記述が大間違いであるとしたら、いったい何を信じたら良いのか⁉

ここで知的な好奇心があれば…、次のようなことが分かってくる。すなわち、『日本書紀』だけでなく、すべからく書かれた文章は、表面的な字面（じづら、テキスト）をマトモに信じてはいけない。文章が書かれた背景や動機（コンテキスト）や「行間」を深く読みとらなければ真実・真相は見えてこない！　ということだ。

本書は、『法隆寺を科学する』という書名のとおり、文献の解釈だけではなく、「法隆寺の謎」を解くための科学的な「物証」を大量に提示している。法隆寺の堂塔に残された痕跡の分析資料や、法隆寺東室（ひがしむろ）や現存大講堂の古材（物証）を科学的に考察し、現代建築学の科学的分析法までをも動員している。

そうして『日本書紀』の「法隆寺全焼！」という記述の「ウソ」を、本書は解明しきったのである。

それだけではない。和銅年間に創建法隆寺の堂宇は西院へ移建されたことが解明された。さらに延長三年（九二五年）、大講堂や鐘楼が落雷で大きく焼損したため仮の講堂がつくられたこと。現在の大講堂は、正暦元年（九九〇年）に、焼けずに残っていた礎石や木材等を再使用して新築されたものであることを、本書は科学的に証明した。

かくして本書は、憶測にもとづいた『法隆寺再建論』に代わる『法隆寺移建論』とも言うべき画期的で知的刺激に満ちた史観を完成させた。

本書が提示した画期的な史観の先には…、『日本書記』の記述の真実性を、さらに徹底的に疑う！という知的作業が見えてくる。

「若草の創建伽藍が全焼してすべて消えた！」などという到底ありえない記事を『日本書紀』が載せたのは何故なのか？

そもそも『日本書紀』は、当時の中国の最高レベルの歴史哲学と漢語・漢文を駆使して書かれた「正史」なのであるが、このような大事業は何を目的にして為されたのか？　この答えを明確に述べた知識人は皆無であった。

正解を書いておこう。

それは、「大唐国が何としても殲滅したかった百済国の継承国家は日本列島には存在しない！」「日本列島に存在するのは、百済国とは全く異なる歴史を持った日本国なのである！」という『大ウソ』を、大唐国に信じてもらうためであった。

したがって「法隆寺全焼！」という『大ウソ』も、「日本国は百済国の継承国家である」という真実を書けない以上、「ウソをウソで誤魔化す！」という人間性あふれる手法だったのである。

この「仮説」には、『法隆寺を科学する』の著者も、最初は首をかしげるであろうが…、本書を絶賛するための「添え華」として掲げたい。

以上、「笑い話」的な序文ではあるが、以下の『法隆寺を科学する』（副題：法隆寺和銅移建論）の本文は、迫力に満ちた真剣勝負である。

一読、二読、熟読をお勧めする次第。

◎目次

序　飯山一郎　3

序章　**法隆寺論の地平**　15

1　東室の秘密　16
2　法隆寺論争　18
3　多くの疑問点　20
4　科学的考察の成果（平成資財帳への道）　22

第一章　**法隆寺謎の痕跡30**　25

金堂5つの謎　26

謎1　金堂の礎石に焼けた痕がある　27
謎2　裳階の礎石も転用材の疑いがある　29
謎3　壁画の下地材に朱色の割材が混入している　29
謎4　本尊釈迦三尊像の台座に古い扉枠が使われている　31
謎5　本尊釈迦三尊の天蓋板年輪は、金堂より六十四年も古い　32

五重塔5つの謎 34
謎1 全焼した時より七十六年前の塔心柱が現存する 35
謎2 塔の礎石に焼け傷を削り取った痕がある 35
謎3 須弥山と塑像で四天柱の彩色絵が隠されている 37
謎4 天井格縁落書は書紀六八四年ハレー彗星 38
謎5 室内の一部側柱に古い風蝕が残っている 40
大講堂5つの謎 42
謎1 裏返して据えた大量の柱座付き礎石がある 43
謎2 整然たる礎石据付け跡は記録にない大講堂か? 45
謎3 土間に残る壺掘穴は何か 47
謎4 蔓絡み穴が整列する垂木 47
謎5 巨大な梁と大斗はどこからきたのか 49
門と塀5つの謎 50
謎1 中門の礎石20個のうち15個に火傷あとがある 51
謎2 不整形で高さも違う伽藍があった? 52
謎3 東大門は昔の南大門あるいは北大門か 52
謎4 単弁瓦と複弁瓦が混在している 54

謎5 伽藍の北と西に掘立柱の柵、これは何か？ 54
東室5つの謎 56
謎1 柱座付き礎石を裏返して据えた不思議 57
謎2 胴張り柱のガイコツ 58
謎3 円弧反りの虹梁 60
謎4 不規則な広い狭いがある柱間 60
謎5 釘を使わない、飛鳥時代の小屋組 63
若草伽藍5つの謎 64
謎1 伽藍焼け跡に礎石が無い 65
謎2 焼けた木材もない大伽藍焼け跡 65
謎3 伽藍が全焼したのに飛鳥の仏像仏具荘厳具は現存？ 66
謎4 五重塔心柱礎石には一寸小さい 67
謎5 土盛りした版築基礎は沈下しないか 67
第二章 歴史絵のジグソーパズル 69
I タイムスリップして考える 70

1　古代斑鳩を空から眺める　70
2　当時の社会の情勢　73

Ⅱ　当時の建設工事の方法　77

1　掘立柱の茅葺き小屋で土間生活　77
2　修羅で運搬、モッコを棒担ぎ　78
3　寺院建物の基礎は版築　79
4　木材を加工する道具は　79
5　釘は貴重品、建築使用は要所のみ　80

Ⅲ　現代の建築技術と理論　83

1　「延焼理論」―火災はどのように燃え拡がるか―　83
2　「燃え代理論」―木材は燃え尽きない―　85
3　伏流水―建物の版築基礎の足元を崩す―　88
4　等高線―高さを読む力が伽藍工事の決め手―　90
5　落雷被害考―いつどこに落雷しどのように燃えたのか―　93

Ⅳ　年輪年代法―材木の年輪は一年ごとに巾が違う―　99

Ⅴ　視野を拡げ科学的な考察を　103

1　玉虫厨子は法隆寺建築の模型　103

2　『法隆寺資財帳』を重視する　106
3　釦の掛け違いを直す　109

第三章　移建論の幡　111

Ⅰ　法隆寺の謎30を解くマスターキー　112
謎30と歴史絵が示唆するもの　112

Ⅱ　創建法隆寺は罹災したあと移建された　116
1　法隆寺和銅移建論　116
2　創建法隆寺はこのような伽藍　118
3　創建法隆寺の火災を再現してみた　121
4　移建はどのように実施されたか　124

Ⅲ　移建した理由　129
1　若草伽藍を捨てた理由　129
2　金堂と塔が横に並ぶ理由　131
3　高麗尺と唐尺とが混在する理由　132
4　『法隆寺資財帳』に伽藍全焼記録がない理由　134

第四章　法隆学問寺に聳えた大講堂　135

1　大講堂は「なくてはならない建物」　136
2　二つの資料が示す真相（『別当記』と『古今目録抄』）　141
3　創建大講堂の姿　144
4　まとめ　146

付　法隆寺建築の技術資料　149

Ⅰ　東室で発見された古材詳説（飛鳥様式）　150

1　礎石全てを裏返して据えた不思議　150
2　胴張り柱のガイコツ　152
3　円弧反りの虹梁　154
4　柱間が広い狭い不規則　155
5　飛鳥時代は釘を使わない小屋組　158
6　まとめ　158

Ⅱ　大講堂発見古材の確認　161
精査手法の提言　161
Ⅲ　現代建築の木材火災理論　163
Ⅳ　創建法隆寺の高麗尺　165
参考文献　169
あとがき　170

序章　法隆寺論の地平

1　東室の秘密

法隆寺東室《ひがしむろ》は、金堂と塔とを回廊で囲む聖域の東に建つ、南北に長い僧房（僧の住まい）で、重要文化財建造物ではあるが、「ところどころに古材が残る、室町時代の建物」とされ、法隆寺の中ではさして注目されることなく荒れ果てた建物だった。破損がひどく、昭和三十二～三十四年に解体修理された。

工事は奈良県教育委員会に委託され、日名子元雄監督技師のもと、解体調査から発掘調査、そして復元工事が行われた。筆者もこの工事に参加し、竣成まで現場に常駐した。奈良国立文化財研究所から応援を頂き、法隆寺大工の西岡常一棟梁、西岡楢二郎副棟梁らとの調査は、実に充実した日々で大きな成果があった。

東室の礎石、柱、桁・梁、垂木に残る痕跡を解体調査した結果、東室は白鳳期千三百年前に建てられた僧房の規模を遺し伝える建物であり、使われている用材は白鳳期に別の建物から集めた材、つまり再用材を使って建築されたものだと想定せざるを得ないものであった。

これは大きな問題提起である。東室は現法隆寺伽藍が建築されたとする和銅年間より百年近く遡る飛鳥時代の僧房であり、これが移築されたものではないか、とするミステリアスな発見である。そうなると、では金堂と塔は？　中門はどうか？　さらには若草にあった創建伽藍を移築したのではないのか、と次々と疑問がふくらんでいったのである。

工事の監督を務められた日名子氏は国宝・重要文化財を集大成した図録『重要文化財第14巻建造物Ⅲ』（文化庁監修、毎日新聞社、一九七二年）の折込付録の中で、次のように記しておられる。

「文化財建造物修理に関係してきたながい生活のなかで、思い出に残る話は少なくないが、なかでも法隆寺東室の修理は、私の体験した最大級のものである。（中略）この工事のあと、私はよく思ったのだが、私に筆力があれば、工事報告書だけでなく、一連の文化財修理をテーマにした推理小説の傑作が生まれるのだがと、悔しかった」

日名子氏が「長い文化財修理の中で、最大級の体験」と記されたほどの法隆寺東室の前身建物とは、その痕跡とは、何か――。本書ではこれについて、金堂、五重塔、大講堂、中門などと合わせて、合計三十の謎の痕跡を解説する。

この謎の痕跡は、これまでの修理工事で報告書として公表されている。しかし、いまだに解決できていない痕跡である。ただ、専門的な内容を含むためほとんどの人は知る機会がないと思われるが、我国の文化文明黎明期を語る事実である。

このような「謎」が存在するために、「日本の歴史には、わからないことが二つある。一つは耶馬台国、一つは法隆寺」と言われてきた。というわけで、法隆寺の由緒も堂塔も寺に伝わる仏像、美術工芸品もその出自が確定できない、つまり日本の文化史も美術史も、そして仏教史も建築史も、第一頁の年代がはっきりしないのである。

2 法隆寺論争

法隆寺をめぐって、長く論争が繰り広げられてきた。ここで簡単にその流れを概説しておこう。

『日本書紀』に、聖徳太子こと厩戸皇子が推古九年（六〇一）、飛鳥から斑鳩の地に移ることを決意し、宮室（斑鳩宮）の建造に着手、推古十三年（六〇五）に斑鳩宮に移り住んだと記されている。その二年後の推古十五年（六〇七）に、「用明天皇が病気平癒を願って伽藍建立を発願されたが亡くなられ、その遺志を継いで推古天皇と聖徳太子が、像と伽藍を完成された」と金堂の本尊・薬師如来像の光背銘に記されており、これが一般に法隆寺の創立とされている。

さらに『日本書紀』には、「夏四月発卯朔壬申夜半之後災法隆寺一屋無余、大雨雷震」という記述がある。これは法隆寺伽藍が天智九年（六七〇）、落雷で全焼したとする記述である。これをもとに、明治になってから現在の法隆寺西院伽藍は再建されたものだとする見方が出され、法隆寺再建・非再建論争が巻き起こった。

しかし、昭和十四年（一九三九）の旧伽藍（いわゆる若草伽藍）発掘調査の結果、現存する法隆寺西院伽藍は聖徳太子在世時の建築ではなく、一度焼亡した後に再建されたものであることが決定的となり、再建・非再建論争に終止符が打たれた。

一方で、再建・非再建論争が展開する中、飛鳥時代には若草伽藍と西院の金堂との二寺が併存して、若草伽藍は落雷により全焼したが、金堂は焼けることなく、飛鳥時代より存在している——とする「二寺併存説」が登場してくる。

これは非再建説の新バージョンともいうべき説で、西院伽藍（本尊・薬師如来）は用明天皇のために建てられたもので、焼けた若草伽藍（本尊・釈迦三尊）は聖徳太子のための寺院だったとした。

この二寺併存説も、昭和十四年の若草伽藍跡の発掘調査の結果、否定されかねないことになる。

若草伽藍は現存する西院伽藍（塔と金堂が東西に並ぶ）とは異なり、南に塔、北に金堂が南北方向に配置される「四天王寺式伽藍配置」であり、堂塔が真南に面しておらず、伽藍配置の中心軸が北西方向へ二十度ずれていることがわかったのである。

これに対して、現存する西院伽藍の堂塔は南を正面とし、伽藍の中心軸はほぼ地図上の南北に一致している（正確には北西方向へ三度ずれている）。したがって、仮に若草伽藍と西院伽藍が併存していたとすると、中心軸の方角が大きく異なる伽藍が近接して建っていたことになり、きわめて不自然な形になる。

また、若草伽藍跡から出土した瓦は、単弁蓮華文の軒丸瓦と手彫り忍冬唐草文の軒平瓦を組み合わせた、古い様式のものであったことなどから、若草伽藍こそが創建法隆寺であり、これが一度焼失した後、和銅年間（七〇八〜七一五）に新築されたという「再建論」が定説となったのである。

3　多くの疑問点

しかしこの定説では説明のつかない疑問点が多くある。

たとえば――。

律令政府によって作成が命じられた『法隆寺伽藍幷流記資財帳』（七四七）には、寺の縁起や伽藍の広さ、建物、寺宝などの資財を詳しく記しているのに、伽藍全焼についてはただの一言も触れられていない。これほどの重大事件がなぜ記録されなかったのか。

非再建論からすれば、『日本書紀』の法隆寺落雷火災の記事自体を疑問視し、全焼はなかったとする立場だから『資財帳』に記述がないのは当然とみるだろう。しかし、定説となっている再建論では、この疑問は消えない。

また、建物に落雷して火事になったとしても、広い境内に整然と並ぶ建築群がすべて全焼するということはあり得ない。本瓦を葺いて漆喰壁で囲った堂宇は延焼しにくい建物であり、しかも落雷時は大雨で広い境内は樹木も地面も濡れそぼっていた。勿論、僧房に居た多くの僧侶は懸命に消火したことであろう。このような状態でなお、建物が一屋残らず全焼するなどということはあり得ない。

さらに、堂塔が全焼したのであれば、建物の中にある仏像も厨子も天蓋も焼失して残存しないはずである。であるならば、なぜ傷つくことなく飛鳥様式の仏像・仏具が現存するのだろうか。一屋残らず全焼したという火災の中を、奇跡的にすべて運び出されたのだろうか。それとも火災のあとに造られたか修復されたということなのか。

まだある。

○五重塔と中門の礎石には火災で焼けた痕がある。いったい、いつ、どこで焼けたのだろうか。

○寺院建築で最も大切な金堂の礎石が、不規則に削り取られ、高さも不揃いなものが使われているのはなぜか。

○金堂壁下地に朱色の割材が混じって使われているのはなぜか。

○本尊の台座に古い扉枠が使ってあるのはなぜか。

○金堂釈迦三尊像の天蓋板は推古十四年（六〇六）伐採とわかった。これは焼けたはずの創建金堂の天蓋ではないのか。

○五重塔の礎石に焼け傷が多いこと、五重塔の相輪の大鎌、心柱の護符があること、これらが意味するものは何か。

○五重塔は定説では和銅年間新築とされるが、心柱は推古二年（五九四）伐採の檜である。天智九年の落雷火災時に焼けなかった柱ではないのか。

○五重塔の四天柱に、須弥山より古い彩色絵があるのは何故か。

——等々、解決されていない多くの疑問が存在する。これらは再建論では説明がつかないものばかりである。

4 科学的考察の成果（平成資財帳への道）

法隆寺の金堂が、壁画模写作業中の出火によって焼損したのは、昭和二十四年一月二十六日のことだった。この火災で焼損した初層内陣の壁（壁画）と柱・梁は、法隆寺の収蔵庫に焼損時のまま保存されている。金堂の壁画は日本の仏教絵画の代表作として国際的にも知られ、黒焦げになった今でも重文に指定されている。この火災がきっかけとなって、災いを繰り返すまい、文化財を大切に守ろう、との決意から「文化財保護法」が制定され、法隆寺火災が起きた一月二十六日が「文化財防火デー」と定められたことはよく知られている。

その後、国の直轄工事として昭和九年から続けられた昭和大修理が昭和六十年に完成、法隆寺伽藍は一三〇〇年前の姿を取り戻した。

法隆寺昭和大修理を終わって、東京と大阪で盛大な法隆寺展が開かれた（一九八五）。法隆寺主催、文化庁後援の格調高いもので、建築部材や仏像、仏具、美術工芸品、解体調査修理の出土品などが並んだ。このとき、出品目録と調査記録を集大成した冊子『昭和大修理完成記念 法隆寺展 昭和資財帳への道』（小学館、昭和六十年）が制作された。

この冊子の解説に「若草伽藍が天智天皇九年（六七〇）に罹災の後、寺地を西北に変更して再建にかかったが、金堂の建立は最も早く着手され、持統朝にはその造営がほぼ完成していたと考えられている」（117頁）「五重塔の建立は金堂に続いて天武朝末年頃には着手され、和銅四年（七一一）に初重の塑像群が作られた頃には完成していたと考えられる」（118頁）と説明されている。再建論を容認した記述である。

しかし、先述したとおり、定説とされる再建論では説明できない数々の疑問が存在する。繰り返すが、金堂の釈迦三尊像、薬師如来像などの飛鳥仏は、火災時にすべて運び出すことができたかどうか不思議に思われるし、釈迦三尊像の天蓋板は六〇六年の伐採材、台座は六二一年の墨書がある古扉枠が使われている、五重塔心柱は五九六年伐採の檜柱、僧房の東室は和銅年間に柱など古材を再用したものである等々の疑問は、解決されていないのである。

この昭和大修理の評価に科学の光を当てて探ると、これまで和銅期新築とされてきた定説より一〇〇年も前の姿が浮かび上がってきた。本書は、この科学的考究の成果をまとめて「移建の幡」として掲げるものである。これは法隆寺評価を更に高いレベルにする平成資財帳への道を目指すものである。

それでは、法隆寺金堂修理の後五十年近く眠っている法隆寺の謎解きを進めていこう。

第一章

法隆寺謎の痕跡30

金堂5つの謎

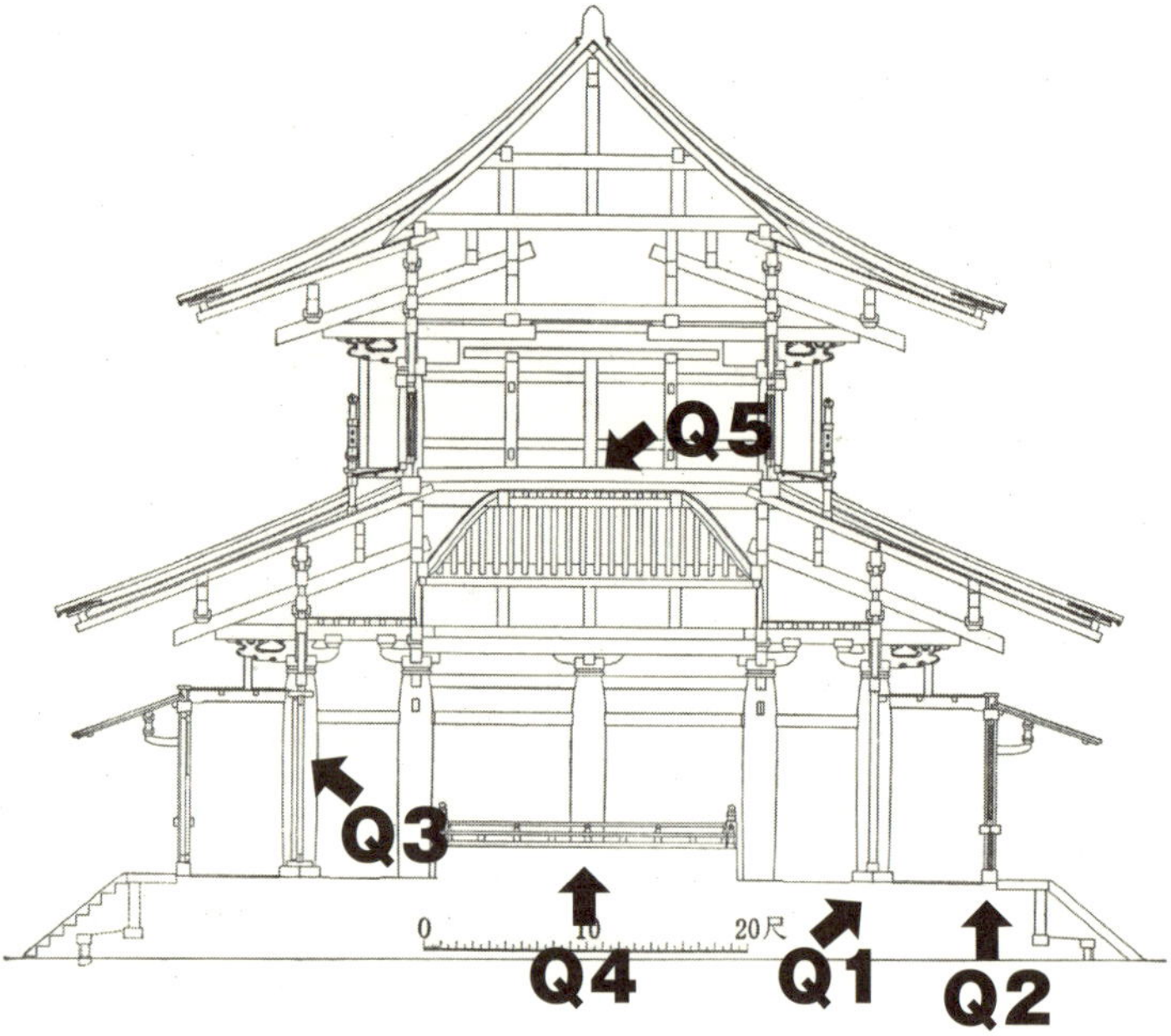

謎1　金堂の礎石に焼けた痕がある

法隆寺金堂の主屋には、花崗岩自然石の礎石《そせき》が28個据えられている。このうちに柱坐《はしらざ》を上面に造り出したものが5個、焼損して一部を欠きとったであろうものが4個、混じっている。自然石を集めた柱礎石が、折角造り出した円座《えんざ》の上面を削り取ったり、焼けた部分を欠き取ったりされている。第一図にこれら礎石の配置状態を示した。

金堂は寺にとって最も大切な建物である。それを新築するのに、基礎となる礎石が柱坐のあるものやないもの、更には焼けた部分を削り取った痕跡をもつものという具合にちぐはぐで、そろっていないものが使われているのである。どうしてなのだろうか。

これについて法隆寺国宝保存工事事務所長で金堂五重塔修理工事の責任者であった竹島卓一工学博士は「伽藍の中心をなす重要な建物の礎石に、手法の違った礎石を混ぜて使っているということは、極めて異例である。そこに何らかの特別な事情がなければならないと考えざるを得ない」（『建築技法から見た法隆寺金堂の諸問題』中央公論美術出版、昭和五十年。以下『諸問題』と略す。123頁）と疑問を提示している。

また、『昭和修理を通して見た法隆寺建築の研究』（中央公論美術出版、昭和五十八年。以下『研究』と略す）の著者である浅野清工学博士は「金堂主柱の礎石について付言しておきたいことは、礎石中表面に円柱座のわずかでも残っているものの数は九個あり、そのうち五個は繰り出しがきわめて低く、四個はかす

第一図　金堂の礎石調査図

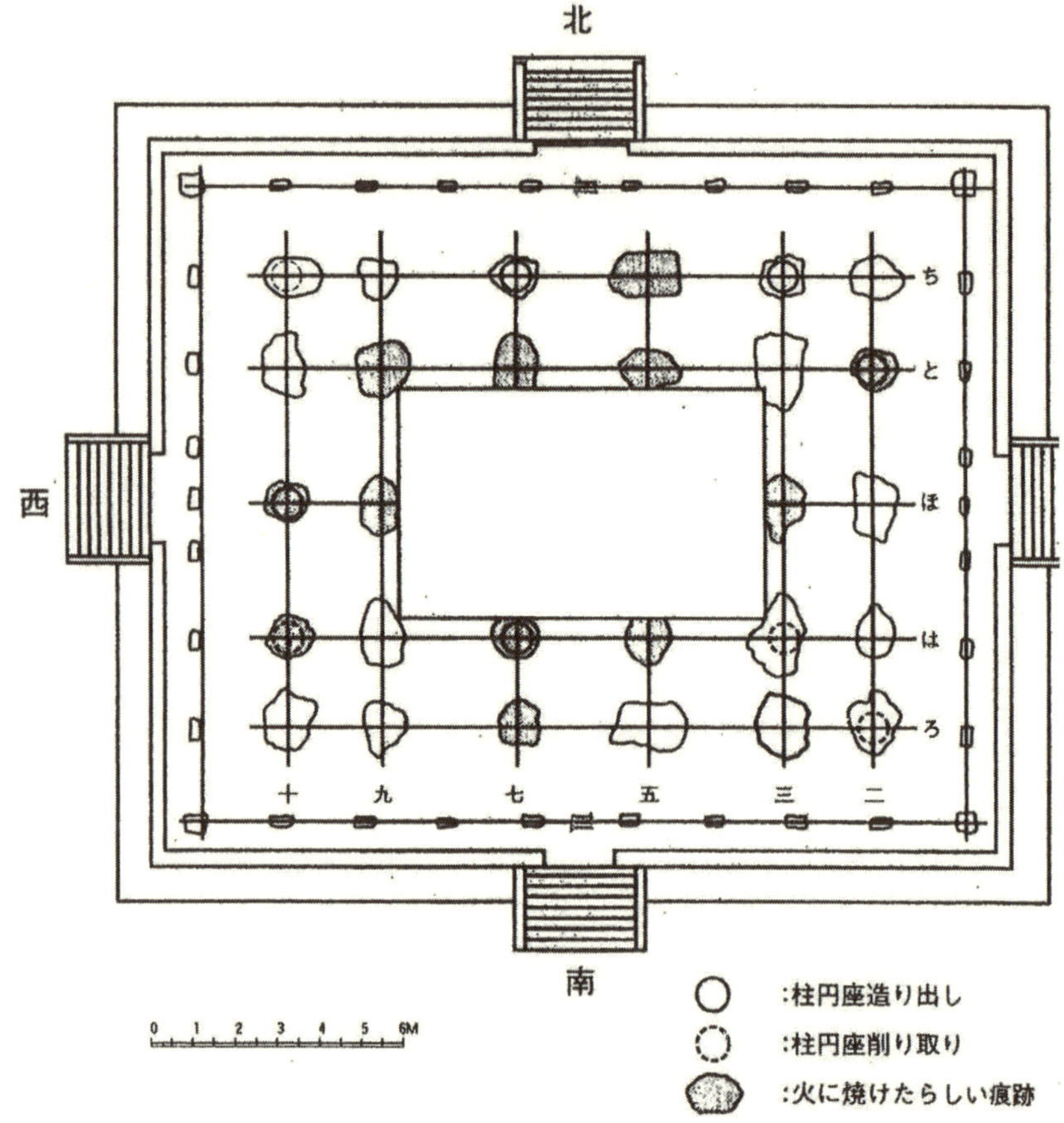

かに繰り出しの痕跡をとどめていた。このことは繰り出しのないものも含めて、他の建物の礎石を再用したことを思わせた」と記述している（『研究』77頁）。

　このように、世界最古の木造建築・法隆寺は、その中心建物である金堂の礎石が〝謎を秘めた異常な状態〟なのである。しかし、法隆寺が秘めている謎はそれだけではない。

謎2　裳階の礎石も転用材の疑いがある

裳階《もこし》は金堂主屋の四周にあって、礎石36個を据えた上に角柱が建てられている。この礎石にも再加工して上面を平らにした痕が見られる。

これについても竹島博士は「四隅の礎石はやや大きく、（中略）花崗岩質の自然石で、上面を平らにする程度の僅かな加工の痕が見られた。（中略）或いは転用材ではなかろうかとも考えられたが、その痕跡は微弱で、はっきり転用材と決めるには充分ではなかった」（『諸問題』130頁）、また「その他の礎石は、総て上成基壇の基壇石と同質の凝灰岩の切石で、（中略）その裏面に明らかな転用材であることを示す痕跡のあるものが多数を占めていたが（中略）転用材であっても、前身建物と結びつくようなものではなかった」（同前）と、控えめに記している。

金堂主屋礎石だけでなく、裳階の礎石も転用した材なのだろうか。

謎3　壁画の下地材に朱色の割材が混入している

有名な金堂壁画が描かれている壁の下地に、どうしたことか、転用した木材があるのが見付かっている。法隆寺金堂壁画は、模写作業中の昭和二十四年に火災のため焼損した。この壁に転用材が入ってい

第二図　金堂の壁下地

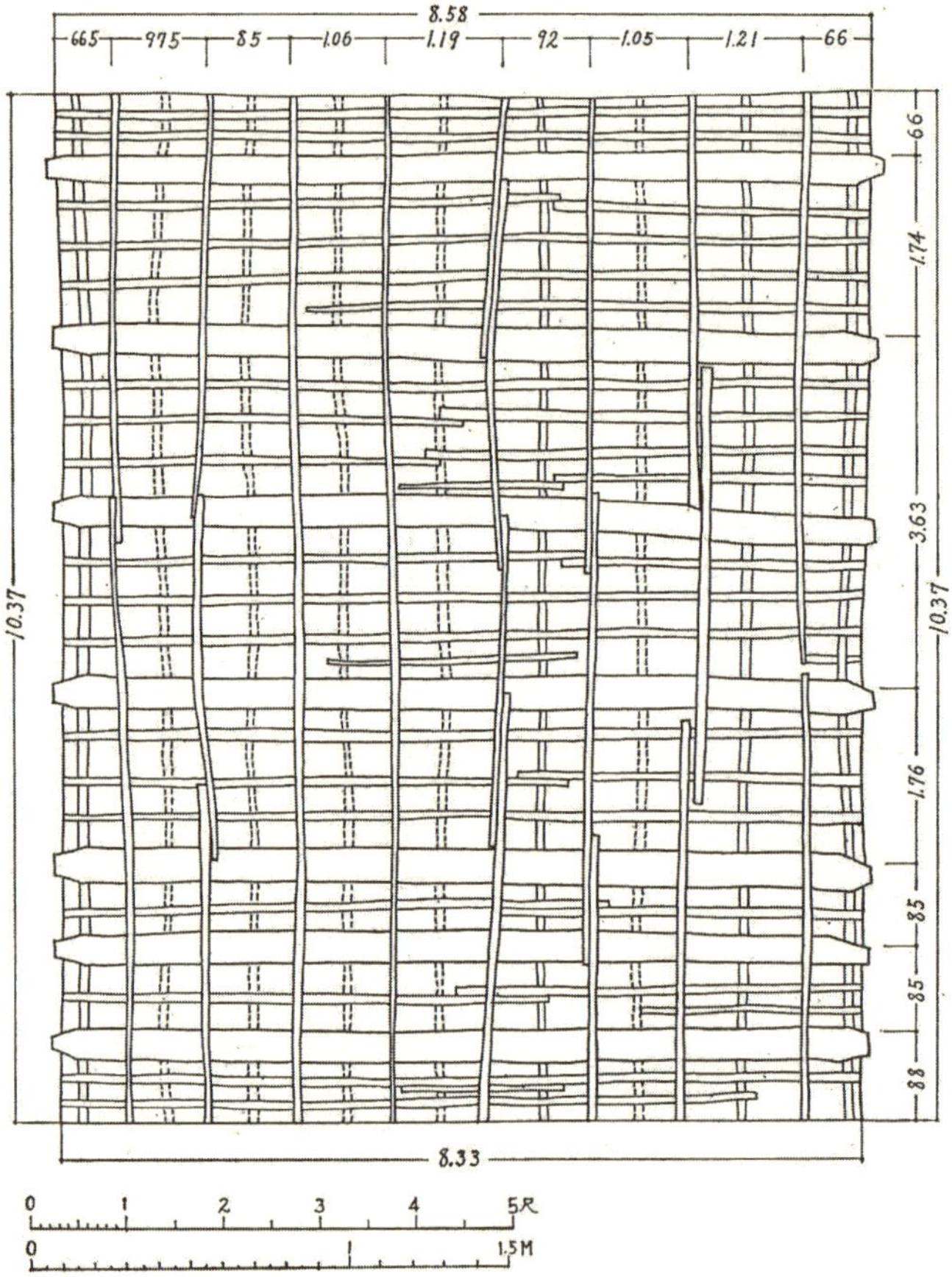

て、何時入ったのか解らないとすれば、美術界にとって大問題である。しかし再建論によれば、金堂は天智九年に焼失してしまったはずなのである。

　この発見の様子を竹島博士は、次のように書いている。

「割材の木舞で注意されたのは、もと建築に使用されていた古材が転用されていたということである。それは木舞の中に赤く塗られた木肌を残しているものがあったということによって知られた。しかし、木舞が細かく割られていることと、壁の中から取り出した木舞が、ほんの一部分にしか過ぎなかったため、原形を考え得るところまでは行かなかったが、手近なところに旧材の利用できる何らかの前身建物の存在が察せられる」（『諸問題』241頁）

壁画を描く前には、壁の下地を組んで、何層にも粘土で下塗を塗り重ねたあと、中塗と上塗りをして、漆喰の壁が出来上がっても、さらに十分乾燥するまで待たねばならない。この壁下地材は赤く塗った木材を割って再用したものであると断言されているのである。この理由を二寺併存説や再建論では合理的に説明することは困難である。

謎4　本尊釈迦三尊像の台座に古い扉枠が使われている

高田良信法隆寺元管長は、著書『法隆寺の謎』（小学館、平成十年）の中で次のように書いている。

「一九九一年の秋に『辛巳歳』（六二一）と読める我が国最古の墨書が発見された。それは法隆寺金堂の本尊である、『釈迦三尊像』を安置する台座裏の部材に記されていたのである。その墨書の記年銘は大師が生存中の推古二十九年を示すものであり、古代史研究者にとって極めて衝撃的なニュースであった。しかも、その墨書は転用される以前から書かれていたものという。法隆寺では奈良国立文化財研究所の協力によって、台座の部材に残るわずかな痕跡から転用前の建物を復元することとなった。その結果、台座は建物の扉周りの用材であることが判明し、直径四十二センチの丸柱を具える住居的な建物であることも明らかとなっている。私たちは復元されたその扉周りの立派さに驚かされたものである。（中略）しかも、その扉周りの部材から見つかった記年銘とともに『尻官《しりのつかさ》』とか『書屋《ふみのや》』といった墨書も発見された」

法隆寺金堂の本尊「釈迦三尊像」の台座に「尻官《しりのつかさ》」、そして本尊光背銘よりも古い墨書の扉枠が再使用されているのはなぜか。これはむつかしい問題である。

「直径四十二センチの丸柱」これは東室の裏返し礎石（後述）の柱坐に残る前身建物の柱痕跡と同寸である。そして東室の胴張り柱は、削られる前のもとの太さは、推定平均41㎝程である。もしも僧房とすれば、各房の出入口として両開扉が必要であり、これを上下枠に用いていたものとするのが理に合う。柱の一本ごとにヤリガンナで削る曲線は違うから、柱に合わせて扉枠を半円状に丸く欠きとるため、符号を付けないと、どの房に嵌めてよいものか解らない。工人達は、あとから目につかない扉の上下枠に室名を記入したのである。僧房には多くの沙弥が起居しており、私は尻官でなく尼官であろうかと思う。台座に使われている扉枠を見れば、東室の古材と同質の檜であると解るのではなかろうか。

謎5　本尊釈迦三尊の天蓋板年輪は、金堂より六十四年も古い

奈良国立文化財研究所によって年輪年代法（第二章Ⅳ参照）という優れた科学的手法が開発された。樹

木は気候変化に比例して成育し、年輪の巾が一年ごとに異なる。その変化パターンを連続して記録しておいて、古材の年輪巾がどこと合致するか確かめ、いつ伐採された木材か、正確に確定できるのである。

平成十八年暮れ、奈良国立文化財研究所は、法隆寺の古い木材を、この年輪年代法によって調査した。その調査結果が、朝日新聞の平成二十年五月三十日付に載っている。話題を呼んだのは、本尊釈迦三尊像の天蓋に使われている木材は、六〇六年に伐採されたものと解ったことである。つまり天蓋は金堂より古いものであることがわかったのだ。これも大きな謎である。

いったい法隆寺伽藍は何時建てられたのだろうか。伽藍は六七〇年に全焼して、和銅年間に新築したとする再建論では、全焼したのだから、それより六十四年も前の天蓋があるはずがない。そこで再建論は、天蓋は他寺から持ち込まれたものであると主張する。だとするなら、当時我が国には仏教寺院は数えるほどしかなかったので、どの寺から運んできたか、それは何時か、そしてその理由は何か、ということの説明が必要となる。しかしそれはむつかしいことである。あるいは火事の最中に天蓋だけは取り外したとでもいうのだろうか。これはとても無理な説明であることは、いうまでもあるまい。

二寺併存説では、飛鳥時代に金堂だけは現在の地に新築されていたと主張するが、新築するのに古材を再用したことになる。

五重塔5つの謎

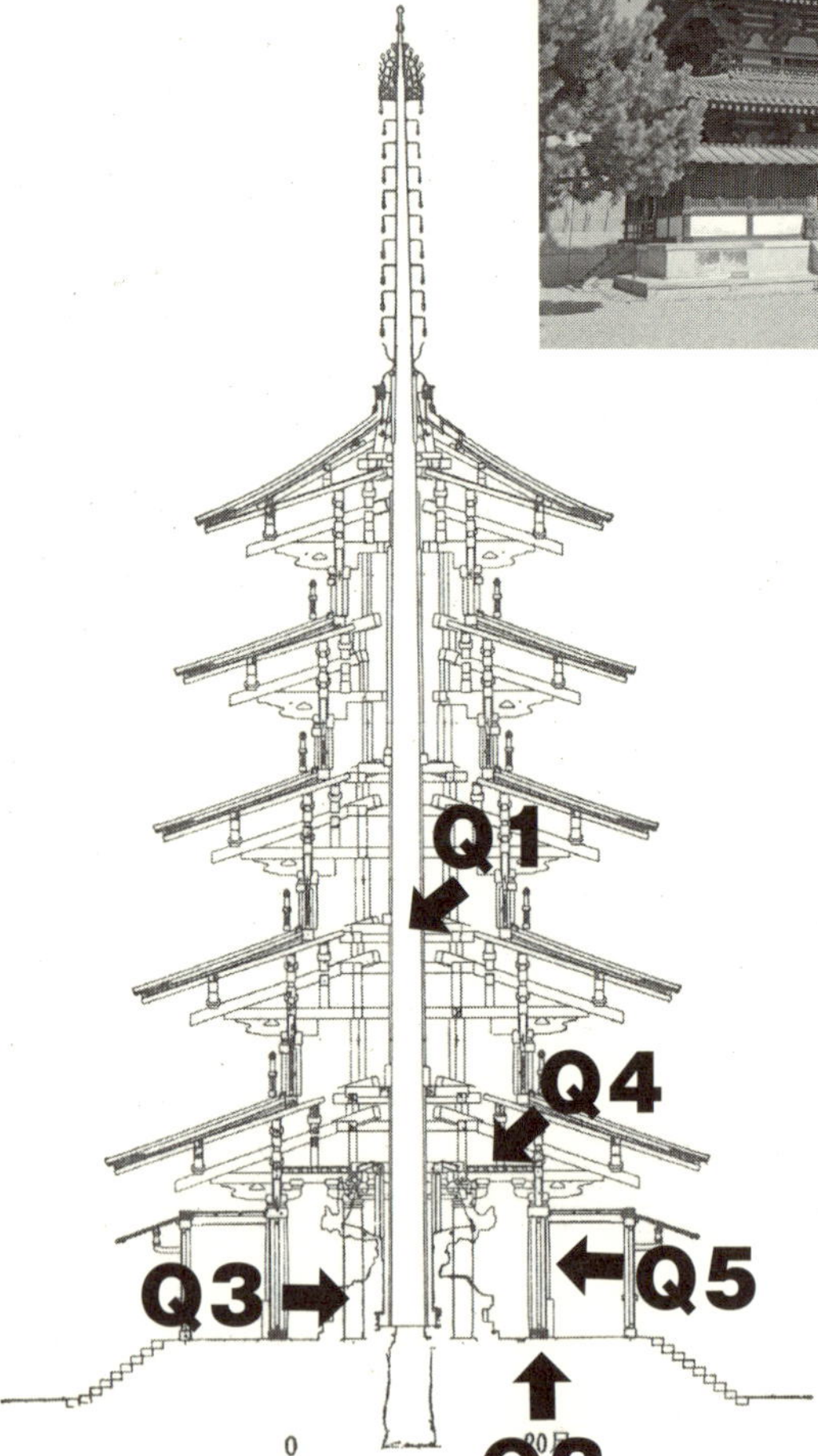

謎1　全焼した時より七十六年前の塔心柱が現存する

前述の奈良国立文化財研究所が開発した年輪年代法で、法隆寺五重塔の檜心柱の年輪を調べたところ、一番外側の年輪は五九四年と解った。

木材を建材として使う場合には、腐りやすい白太《しらた》の部分は取り除く。檜材で樹皮の内側にある白太の年輪数は建築技術者の一般的常識では数年〜十年とするので、この常識的な檜の白太の数年分を加えると、法隆寺五重塔の檜心柱は西暦六〇〇年ころ伐採された心材と判断できる。

しかし年輪年代法で裏付けられた伐採六〇〇年のころは、『日本書紀』にある「法隆寺は天智九年（六七〇）に火災で一棟残らず焼失した」とある記述より七十年も早いのである。和銅年間に五重塔が新築されたとすると、計算式が合わない。この長いタイムラグの間、伐採した材木はどこかで大切に保管されていたのか？　しかし、折角手に入れた得難い大樹を数十年も放置するだろうか。この檜材には「七十年の白太があった」ため、これを削り取ったとの見解もあるが、これは疑わしい。

謎2　塔の礎石に焼け傷を削り取った痕がある

法隆寺五重塔は和銅年間に建てられた飛鳥様式の塔である。これは建築歴史学界「再建論」の定説で

第三図　五重塔と中門の礎石

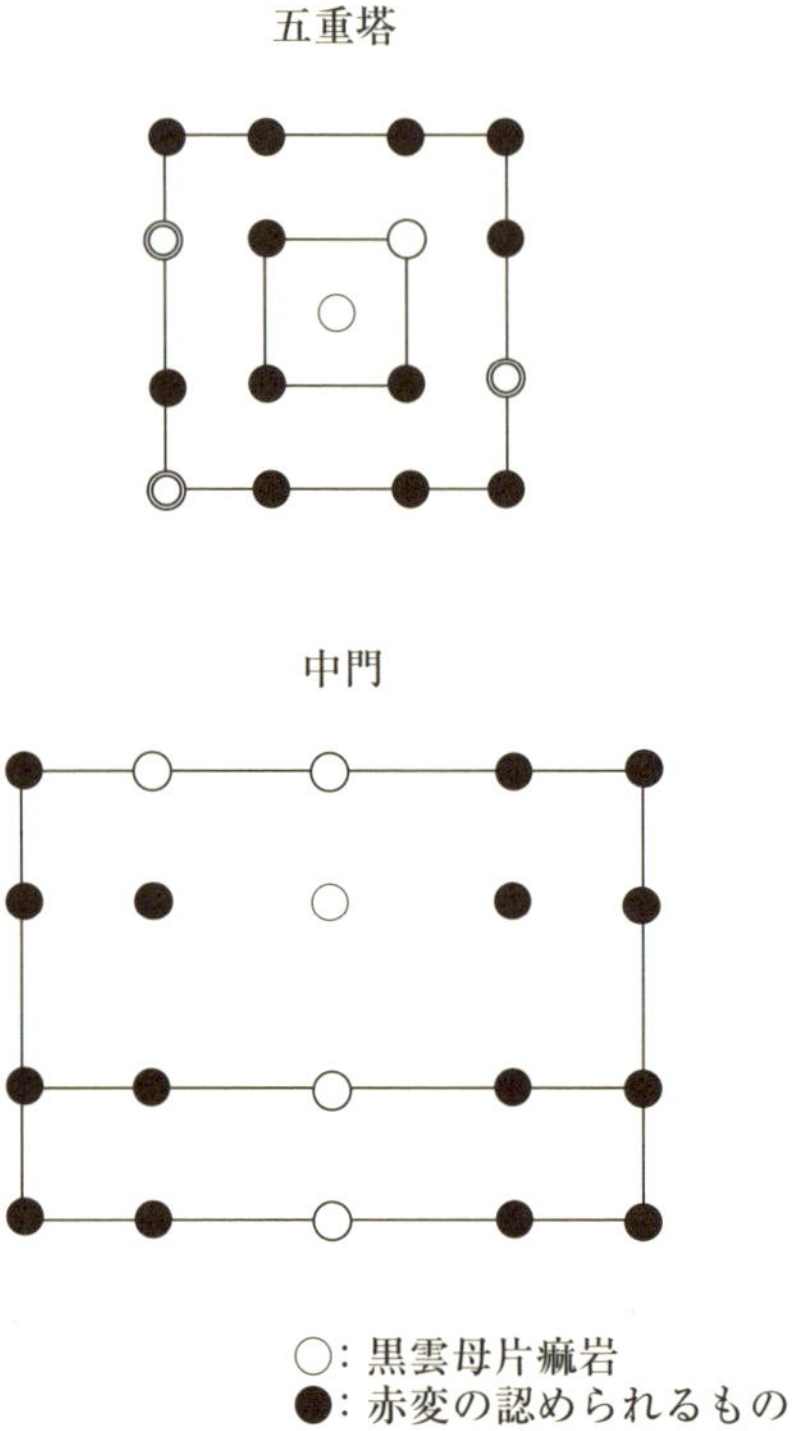

ある。「二寺併存説」も同じである。だが、実はこの五重塔の礎石にも再使用された痕跡がある。塔と中門に現存する礎石のうち、火災に遭った痕跡があるものを黒塗りして第三図に示した。

五重塔の礎石は、丁寧に柱坐を造り出した立派なものである。しかし、竹島博士は、「どうしても火に遭ったとしか思われない肌の荒れが見られた。従って、焼けた塔址から運んできて、そのまま再用したものと考えられ、例えば、若草伽藍の塔址から持ってきたものではなかろうかという推察など、まことに下し易いところがあった」（『諸問題』126頁）と記述されている。これは礎石が火災に遭ったかどうか、専門家に調査を依頼した上でのことである。岩石は風化して成分に変化を生じ、そうした岩石が火災に遭うと、赤色を呈するのである（かく言う筆者も、石工事施工に関する国家試験に関与していたこともあり、専門家のはしくれであるが）。

石工が新築工事に携わるとき、赤変した或いは肌荒れした部分は削り落し、きれいに円座を造り出す筈である。西院五重塔を建築するときに、円座礎石が火熱にあぶられて、余りに見苦しくひどいところだけ削り取ってよしとした、このように考えるしかないのである。どうしても火に遭ったとしか思われないというのが、金堂、五重塔修理工事の責任者の報告文なのである。これを無視した法隆寺歴史の考察は、間違いだといわねばならない。

謎3　須弥山と塑像で四天柱の彩色絵が隠されている

五重塔の初層には、四天柱を取巻いて有名な須弥山と釈迦入滅を嘆く塑像がある。これについて解体修理にあたった浅野博士は次のように述べている。

「四天柱を取り巻いていた須弥山の一部を除去してみると、四天柱は全く外部に現れていなかったのに、すべて丹土が塗られており、北面の柱では旧仏壇上に出る部分に、幕のようなものが彩画されていた」（『研究』78頁）

つまり、五重塔の四天柱は、建築した当初には弁柄（丹土）が塗られ、垂れ幕のような装飾も描かれていたが、その後に須弥山が造られたため、塗装と装飾は隠されてしまったのである。

この事実を順序立てて記すと、

①四天柱に弁柄を塗って乾かし、そこに装飾を施す（数ヵ月が必要）。

②出来上がった絵を隠して、須弥山と塑像群を企画して製作（数年が必要）。

ということになる。

釈迦入滅の悲しみを見事に表現し、人の心を揺さぶるこのような立派な塑像を製作するためには、綿密に練った企画と特別な名人、そして製作する歳月が必要である。従って、これらの作品が慌ただしく製作されたとはとても思えないので、この流れには不自然さが残る。

謎4　天井格縁落書は書紀六八四年ハレー彗星

金堂と五重塔の天井は、格子を組んでその上に蓮華文《れんげもん》を描いた天井板が張ってある。格子は太い格縁を組んだもので、天井板は割った長尺板である（天井板は厚さ3㎝、板巾27㎝程。片面はヤリガンナで仕上げてあり、長手寸法は格子割ピッチに合わせて長短まちまち）。蓮華文は、濃墨で輪郭を描いたうえに、弁柄、緑青、白緑、丹、具墨、濃墨、淡墨、胡粉の八種を使って彩画されている。この天井板は格子組の上に載るので、格子の巾だけは隠れて下から見えない。

蓮華文を描く画家が、隠れる部分に筆ならしの文字や同僚の顔など落書きをしており、朱、墨、緑青で描いた二三〇余もの戯書、戯画が発見されている。鷲鼻で髪型も異なるのは明らかに外国人である。内陣天井の天井板にも、外陣天井にも同じように種々の落書きが残されていたが、五重塔の天井胴縁に残る落書きに、「六月肺出」の文字があった。これは浅野清博士によればハレー彗星のこと。長い尾をひいて夜空を舞った彗星を見て、興奮まだおさまらぬ絵師が描いたものとされている（第十九図101頁参照）。

ハレー彗星は、「長き光芒を引き太陽の周囲に於ける細長き軌道を運行する星」で、太陽の周りを約七十六年周期（七十五・三年）で公転しており、巨大な尾を引くことで知られる。出現の最古記録は、紀元前二三九年。最近の出現は一九八六年、次回出現は二〇六一年。一般的にはこのように言われている（『広辞林』）。

更に調べると、

六〇七年三月十五日―『隋書』「煬帝記」大業三年の条に観測記録がある。

六八四年十月二日―『日本書紀』「天武記」十三年の条に「秋七月壬申彗星出北、長丈余」の観測記録がある。

法隆寺金堂や五重塔の天井板に蓮華文を描いていた画工が、夜中に出現した彗星にびっくり興奮したことを思いだし、天井板が載れば見えなくなる格子縁の上面に、つい筆均しに「肺出」と落書したという場面が想像される。

謎5　室内の一部側柱に古い風蝕が残っている

五重塔初層の側柱に風蝕が残っている。これも浅野博士の『昭和修理を通して見た法隆寺建築の研究』に次のように記してある。

「二十三年八月には壁をことごとく除去して初層柱の面も全部見えるようになり、ここでまた一つ不可解な問題に直面した。それはこれら塔の側柱が壁の取り付いた面も、戸口部材の咬んでいた面も相当風蝕していることであった。特に戸口部材取り付けに際して、つかえて納まらない部分のみを鑿や釿で削ってあったが、その面のみは全然風蝕を受けていなかったのである。戸口改造の痕跡は全く認められないし、これはどうしても立柱後、時を経て造作にかかったと考えるほかに道はなく、そう理解して、初めて造作取り付けに際して削った面のみが風蝕をまぬがれた理由がわかる。（中略）やはり造作にかかるまで相当長年月、放置されていたことを思わせた」（『研究』80頁）

五重塔の側柱に一部分だけ、長期間外気や風雨にさらされて生じた荒れ肌の材（風蝕箇所と呼ぶ）が見付かっているが、側柱の外側四面には裳階《もこし》が付いているので、それよりも内側にある柱には雨風が当たることはなく、風蝕が出来る筈がないのである。どの論文も古材に残るこの風蝕痕について記録はしていても、疑問符を付したままで、どうして長期間風雨に晒されていたのか、その原因は解明されていないままである。

五重塔は和銅年間に新築されたと言われている。初めは裳階がなくて、あとから造られたというのであれば、一部分ではなくすべての側柱に風蝕が出来るはずである。それとも裳階は最初からあったが、十年か二十年の間、一部分だけ取り外していたとでもいうのだろうか。

まさに浅野博士の言うように「不可解な問題」である。

大講堂5つの謎

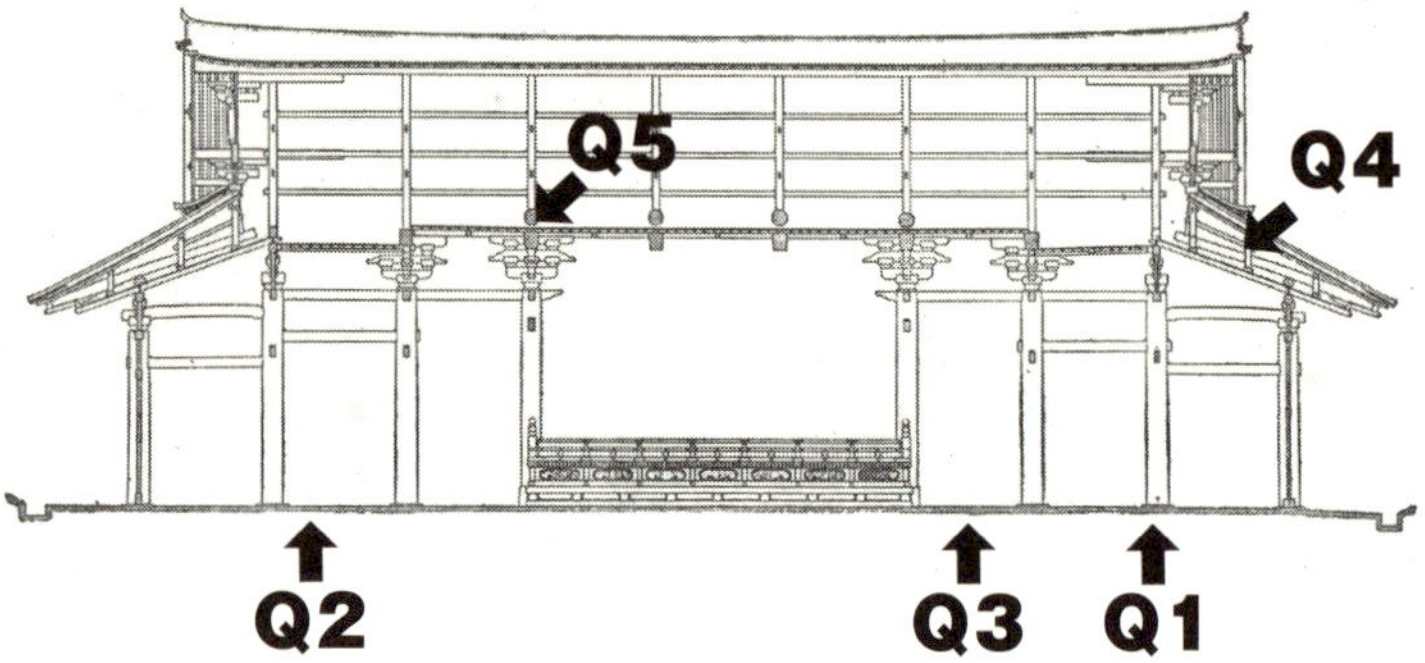

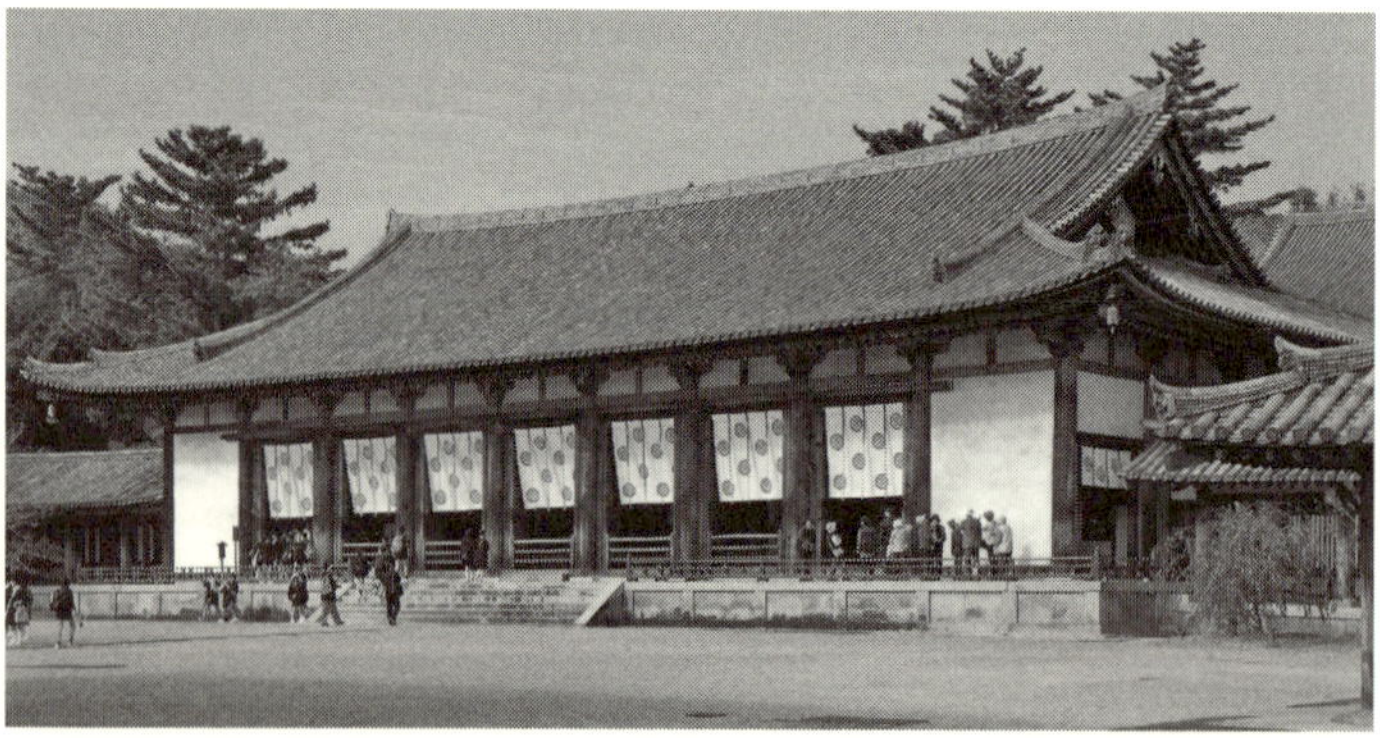

謎1 裏返して据えた大量の柱座付き礎石がある

昭和十一年から始まった大講堂の解体修理工事の記録によると、床下を調べたところ、粘土質の地山《じやま》の上に、古い基礎石が使われていたとある。

大講堂は、平安時代の正暦元年（九九〇）に再建されたが、礎石はそれより以前の建物のもので、掘り起こしてみると、奇妙なことに上下逆さまになっており、柱座を下にして据えたものだった（礎石の大きさは９１０㎝角、高さ54・５㎝で、上面に立派な高さ12㎝の柱坐が造り出してある）。

更にその柱坐には円柱が立っていた丸い址（直径は55㎝と47㎝の二種類）が確認出来た。大講堂は柱坐が付いた礎石を最初から裏返して据えた建物であり、その柱坐にはみな円柱が据わった痕がある。

この発見から八十年たっているが、この不思議な礎石については、まだ誰も追求していない。それは、この礎石がいったいどこから来たものかまったく解らないため、これまで議論の外へ置かれたままとなっているからである。

いまこれを整理してみると、次のようになる。

・直径55㎝と47㎝の円柱が立つ大建築が存在した。
・この大建築を解体して運んできて、礎石を裏返しにして据付けた。
・この礎石の上に現在の大講堂は建築された。

第四図　大講堂の裏返し礎石

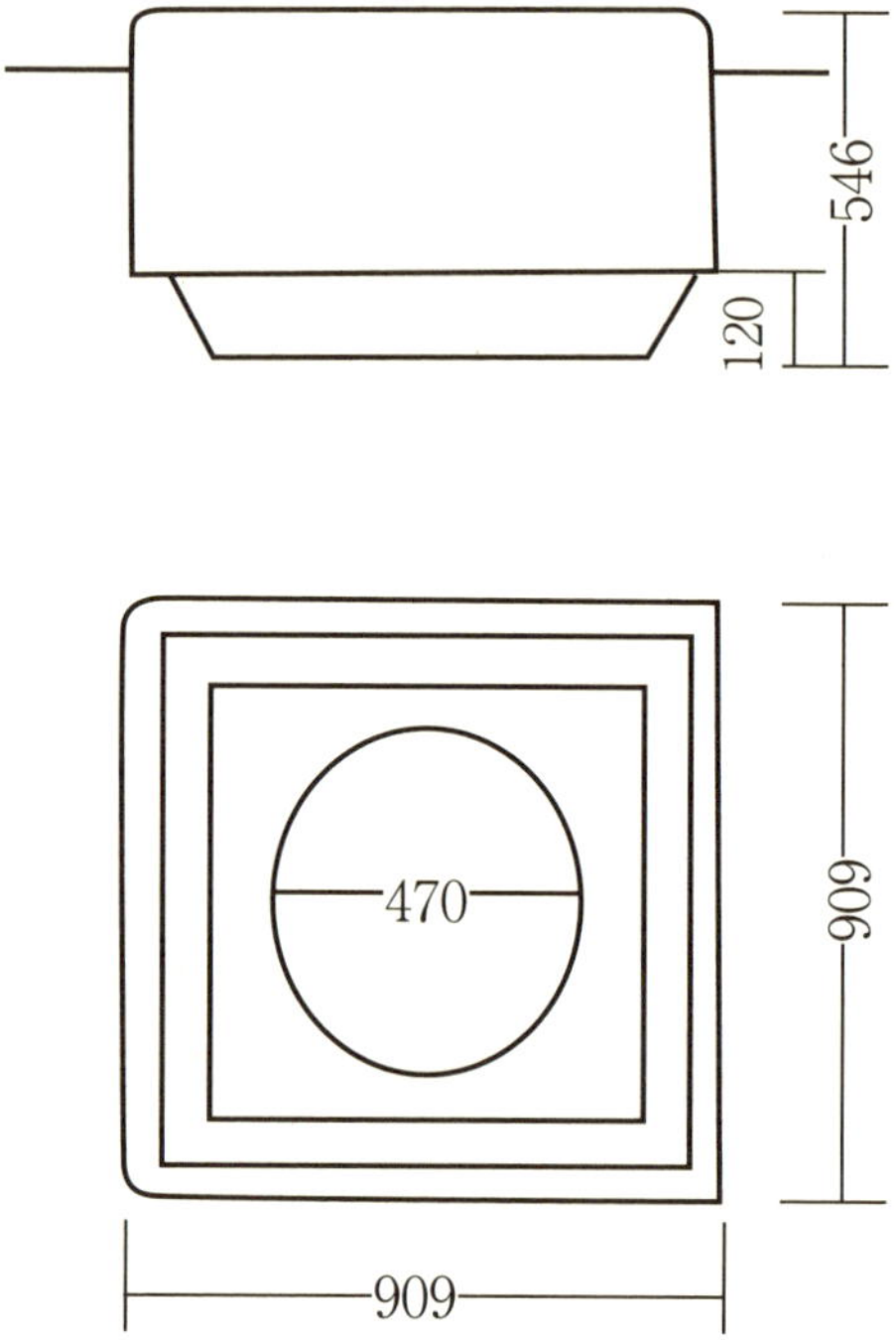

創建法隆寺に建っていた大講堂の礎石でないかと筆者は考えている。

第四図はその凝灰岩礎石の実測図である（『研究』からスケッチして転記＝筆者）。

謎2　整然たる礎石据付け跡は記録にない大講堂か？

ところが、さらに調査を進めると、この入側柱礎石の列の90㎝ほど外側に、整然と並ぶ別の礎石跡が見付かった。見付けたこの礎石据え付け穴の底を掘って底土のまわりを丁寧に浚《さら》ったところ、粘土地山が不思議に凹んでおり、この凹みの形状は、凝灰岩礎石に造り出してある高さ12㎝の柱坐と同形で、つまり柱坐の雌型だった。前項謎1の裏返して据えた礎石より以前に、ここに裏返しの礎石が据えられていたのである。

外側の壁は同じで建物全体の大きさは変わらないのに、身舎の礎石列だけが、整然と90㎝程外側に並んでいるのである。つまり最初は、身舎の柱間が広く大きくて、庇間は狭い建物であり、裏返して礎石が据えてあった。次に裏返しのまま入側柱の礎石だけを内側に90㎝狭めて据え変えた。建物全体の大きさは同じで、身舎が横幅も奥行きも180㎝ほど狭くされていたのである。

第五図にXY符号にて説明する。建物の大きさ（外壁位置）は変わらないが、改築して身舎の巾と奥行共に最初より約1・8m狭くなっていた。

最初の身舎（広い）

巾　X2―X8　奥行　Y2―Y4

改築後身舎（狭い）

第五図　大講堂の地下に残る礎石の据付跡

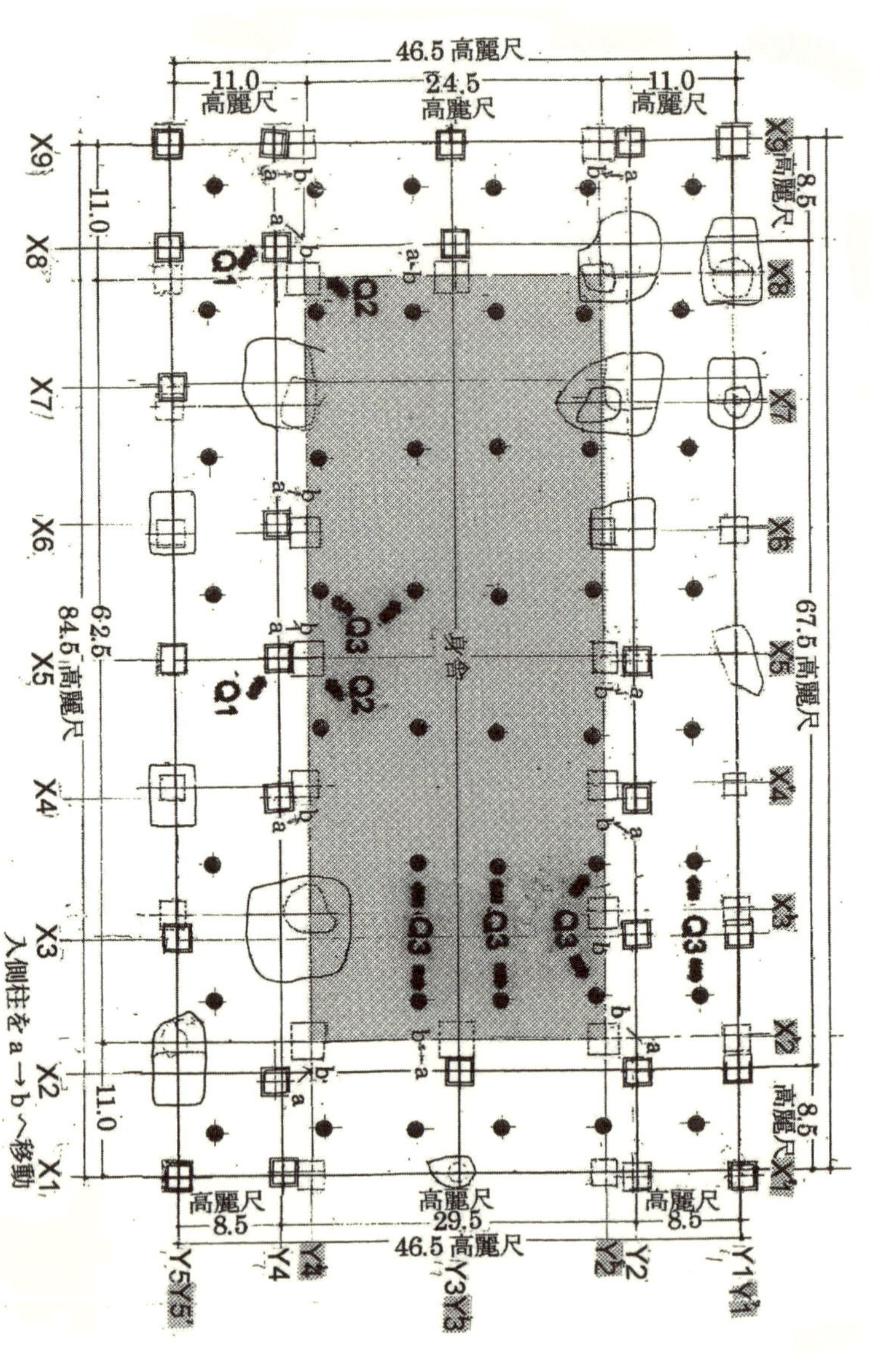

巾　X2'—X8'　奥行　Y2'—Y4'

解体修理調査では、ここまでを詳しく記録されている。

いったい、この整然とした裏返し礎石跡は何なのか？　昭和十一年以降、この謎はずっと未解決のままである。大講堂は私たちに何かの歴史を訴えているにちがいない。

謎3　土間に残る壺掘穴は何か

土間床に規則正しく掘られた壺掘穴が残っている。

この壺掘穴の配列は、前述した地山に礎石を裏返して据付けた礎石穴と関係があるようだ。何時、何のために掘られたのだろうか。

第五図に黒丸で壺掘穴の位置を示した。

謎4　蔓絡み穴が整列する垂木

解体修理時に、多数の角垂木が発見されている。『昭和修理を通して見た法隆寺建築の研究』から、写真と説明図をスケッチして説明する（第六図）。

垂木の上面を山形に作り、そこに整然と2尺間隔（60・6㎝）の野地材蔓絡み穴が穿ってある。和釘

第六図　大講堂　古い垂木の野地材蔓絡め穴

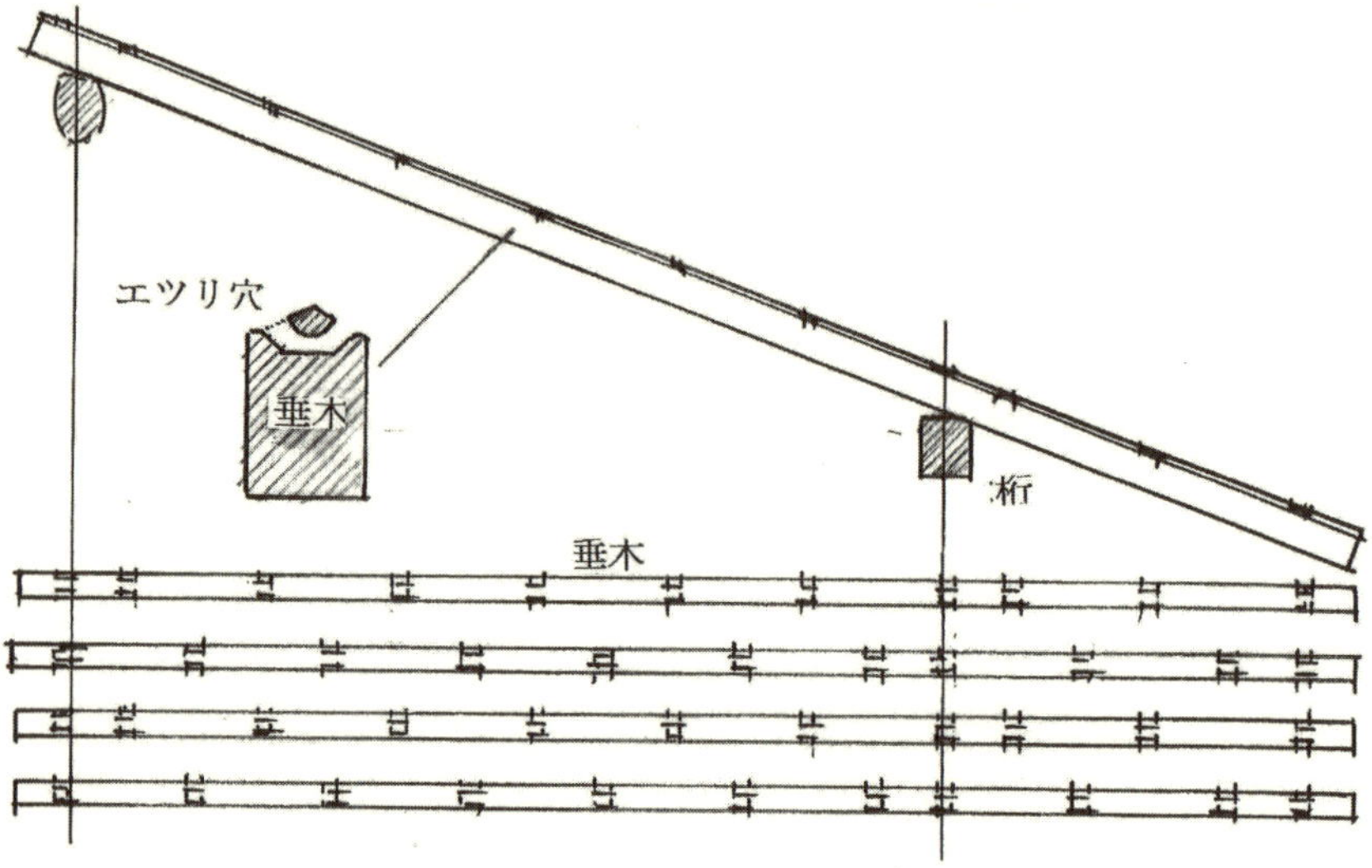

が普及して、棟木や桁に垂木を釘打ちして止めるようになれば、このような手間のかかる加工をして組手や蔓絡み穴を作る必要はない。釘で打てば簡単なのに何故このような手間の込んだ加工をする必要があったのか。

これは後に述べる東室の丸垂木と同様の工法である。東室は丸垂木、大講堂は角垂木であるが、同じ時期の仕事であり、まだ垂木を固定するのに釘を使わない時代であると考えられる。

謎5 巨大な梁と大斗はどこからきたのか

現在の大講堂には、身舎の桁の上に巨大な梁が掛かっている。これと仕口が合う大斗もあり、それらがどこからきたか、その出所は掴めず解らないため、昭和十一年の修理では、記録するだけに止められている。

これだけの大材が意味なく他所から搬入される筈はない。巨大梁の実物が存在する以上、これにはなんらかの原因、理由があるはずである。

門と塀5つの謎

中門

東大門

謎1　中門の礎石20個のうち15個に火傷あとがある

竹島博士の『建築技法から見た法隆寺金堂の諸問題』によると、中門の礎石を調査した結果、「中門では礎石20石中15石に赤変が認められた」（『諸問題』128頁）とある。飛鳥様式の威風堂々たる中門が火災に遭ったとすれば大問題である。

が、竹島博士は続けて「問題は火災のような急激な火熱を受けた場合にだけ、赤変が起こるわけでなく、長い年月にわたって太陽に照射されたりすると、やはり赤変が起こるということである。（中略）自然石のままのような礎石は、礎石として使用される以前の玉石として山野に転がっていた時代に太陽の照射を受けて、既に赤変を生じていたというものもある筈で、たまたま欠きとって調査した資料に赤変の現象が見られたからといって、直ちにその礎石が、火災に遭ったと結論してしまうことはできないという、極めて慎重な報告を受けた」（『同前』128〜129頁）と付記している。

たしかに博士の指摘のとおりで、中門の礎石は自然石であり、軽々に門が火災に遭ったと断定は出来ない。けれども、現代の建築技術者の感覚では、寺の正面の仏門に使用する目的で山野の自然石を収集する時、見苦しく赤変している石を選んで拾い集めたりはしない。第三図を詳しく見れば、赤変した礎石は中央部を避けて据え付けられていることがわかるだろう。

新品でない、火災に遭った建物の礎石を運んできた石工が、わざわざその礎石の上に、胴張り柱の立派な中門を新築するだろうか。当然、赤変のひどい礎石は中央通路を避けて据えたのである。建築技術者は昔も今もこのように対処するはずである。

謎2 不整形で高さも違う伽藍があった？

古代の寺院は、金堂と塔を回廊で囲んで聖域とし、伽藍は例えば百丈四方と整形に区画し、四面に大門を築いて塀を巡らしている。若草伽藍と西院伽藍の二寺が併存したとすれば、角度も高さも異なる伽藍を、どのように区画していたのだろうか。そもそも飛鳥時代に高さが5ｍも違い、かつ不整形な区画の伽藍があったのか、はなはだ疑問である。

謎3 東大門は昔の南大門あるいは北大門か

東大門は古風な木組《きぐみ》手法で柱には胴張りがあることから、奈良前期を下らない建物とみてよいだろうか。昭和九年の東大門解体修理工事のとき、桁《けた》や斗拱《ときょう》から古番付が発見されて、以前は南向きか北向きの門であると解った。天平十九年（七四七）の『法隆寺伽藍縁起幷流記資財帳』（以下『法隆寺資財帳』と略す）には、「門五口、佛門二口、僧門三口」（第七図）とあって、仏門の一つは現存の中門と寸法が合致するものだが、もう一つの仏門は大きさが異なるので特定できない。また、僧門三口と記している門と

第七図　『法隆寺伽藍縁起幷流記資財帳』

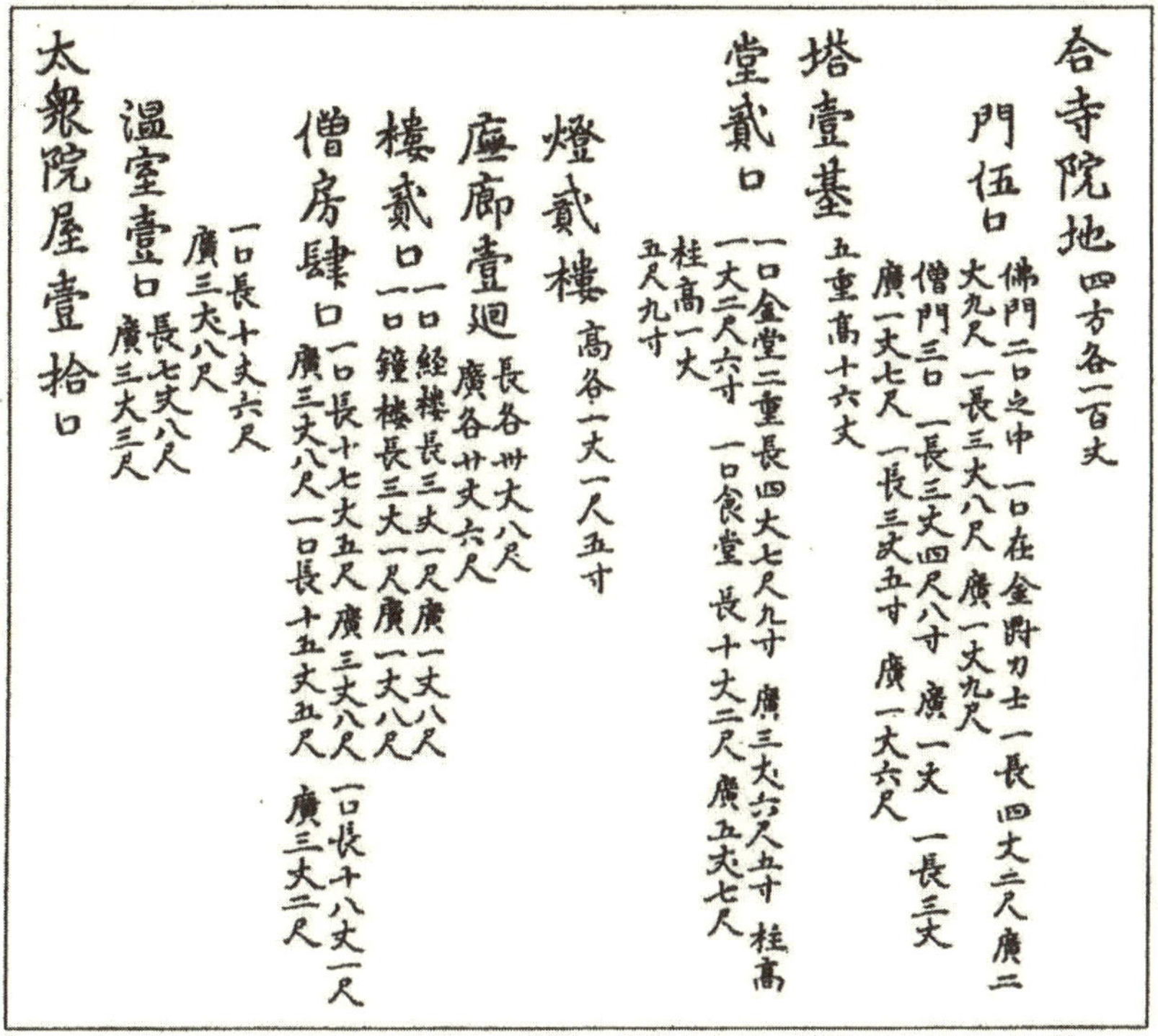
合寺院地四方各一百丈
門伍口　佛門二口之中　一口在金剛力士　一長四丈二尺　廣二丈九尺　一長三丈八尺　廣一丈九尺
僧門三口　一長三丈四尺八寸　廣一丈　一長三丈　廣一丈七尺　一長三丈五寸　廣一丈六尺
塔壹基　五重高十六丈
堂貳口　一口金堂二重長四丈七尺九寸　廣三丈六尺五寸　柱高一丈二尺六寸　一口食堂　長十丈二尺　廣五丈七尺　柱高一丈五尺九寸
燈貳樓　高各一丈一尺五寸
廡廊壹廻　長各卅丈八尺　廣各廿丈六尺
樓貳口　一口經樓長三丈一尺廣一丈八尺　一口鐘樓長三丈一尺廣一丈八尺
僧房肆口　一口長十七丈五尺　廣三丈八尺　一口長十八丈一尺　廣三丈二尺　一口長十五丈五尺　廣三丈八尺　一口長十丈六尺　廣三丈八尺
温室壹口　長七丈八尺　廣三丈三尺
太衆院屋壹拾口

も大きさは合致しない。

創建法隆寺から移されたのか、ほかの寺から運ばれてきたのか。平安時代に現在の場所に移築されたとも言われる。しかし柱の胴張り曲線は、現在の東室と似ているので、建物は東室と同様に和銅年間と考えたい。東大門は昔の南大門あるいは北大門なのだろうか。

謎4　単弁瓦と複弁瓦が混在している

発掘調査報告書や論文には、主として若草伽藍の建物跡から単弁瓦が、西院伽藍からは複弁瓦が出土するものとされている。若草伽藍の軒先瓦は、焼く前に、一枚ごとに模様型板をピン止めして、手書きして彫った、達人が一品造りした素朴で味のあるものである。これと比べて複弁丸瓦や軒忍冬唐草瓦は、模様の型を押し当てたものであり、双方の建物を建設した時期が違えば、瓦の文様も、製作技術も異なるのは当然である。若草の創建伽藍は、天智九年に全焼し、西院伽藍が和銅年間に新築されたならば、二つの伽藍は出土する瓦がはっきり異なる筈であり、全焼したとする若草伽藍からは、大量の廃棄された焼け瓦と割れた瓦だけが出土する筈である。西院伽藍にしても、単弁瓦と複弁瓦が同時期に存在し、一つの屋根に使われた。即ち若草で使われていた瓦を西院へ運んで再使用したように思われるのである。建物と瓦葺き替えとをリンクして考察すべきだと思う（第八図）。

謎5　伽藍の北と西に掘立柱の柵、これは何か？

浅野清博士は、著書『昭和修理を通して見た法隆寺建築の研究』のなかで次のように記述している。

「若草塔跡の中心から北へ一〇六メートルほど隔てた地点で（綱封蔵の南方、先に触れた旧築地の北方）、若

第八図　単弁瓦と複弁瓦

草伽藍の中軸に対して直角の方向に柵列とみられる掘立柱穴列が、約五〇メートルにわたって発見されて、注目をあびたが、今年二月には中門前方の東大門へ向かう道路上で、これと直角方向に、若草伽藍中軸線から西方五〇メートル程を隔てて、同様の柱穴列が、約六メートルにわたって三個発見され、中には一つ柱根も残されていた。この距離一〇六メートルは、高麗尺の三〇〇尺に相当し、五〇メートルは一五〇尺に近い値であり、若草伽藍の主要堂塔の敷地の北限と西限を画するものではないかと察せられた。（中略）また西側柵列付近は、深い谷の埋め立て地で、その外側には、これに沿って水路ができており、柵の北端付近で北方の谷から流れている河に接続していた。したがって、西側柵列付近では、谷を埋めて柵列をつくり、埋土上に水路を導いたとみられる」（『研究』54頁）

　この掘立柱の柱列は、何時、何のために造られたものなのか。

東室5つの謎

謎1 柱座付き礎石を裏返して据えた不思議

飛鳥〜奈良時代の伽藍は、大講堂を囲んで東西北の三面に僧房が建っていた。『法隆寺伽藍縁起幷流記資財帳』には、当時四棟の僧房があり、僧と沙弥二六三人と記されている。東室は東の僧房で、南北51・3m、東西11・23mの細長い平屋の本瓦葺建物である。桁行二間毎に壁仕切りされて一つの房となり、北から四房、中央に通路、その南に四房あった。鎌倉時代にそのうちの南端三房が、聖徳太子をお祀りする聖霊院となった。

この東室は解体修理時の調査によって、奈良前期に建立の時、新材でなく古材を再使用して建てられたものと解った。この古代の建築資材と建築工法は、金堂や五重塔にない新発見で、古建築の歴史を考えるうえで極めて重要であり、世界遺産法隆寺の謎を解く鍵となったのである。

東室が奈良前期に創建された時には、少なくも六十五個の凝灰岩礎石が使われていた。礎石は、二上山系の石で、49cm〜52cm角、高さ36cmであり、上に10cm高さの円座が造り出してあった（第九図）。きれいな円座を創り出しておきながら、それを隠して裏向きに据えてあるという甚だ奇妙なことになっている。さらにこの円坐の表面に、直径41cm〜42cmの円柱が据わった跡が残っており、東室の柱径（足元34cm）よりも一回り大きい。太い柱跡をもつ礎石が最初から下向きに据えられていたという奇妙な不思議を認めるしかないのである。聖霊院と合わせて総数64個の凝灰岩礎石、この大量の凝灰岩礎石がどこから来たのか、記録を探してもなく、誰に聞いても首をかしげる謎である。

謎2 胴張り柱のガイコツ

東室の柱は、建設時には胴張りを持つ檜柱だったが、間取りが改造される度に貫や壁の大小さまざまな仕口穴が掘込まれて、丸い面が削られて角柱になったりしているので、畏敬の念を込めてガイコツ柱と呼んでいた（第十図）。この柱に切込まれた痕跡を分類整理して、白鳳時代の二間一房制の僧房間取りが復元できた。

ところで、創建以来の変遷が明らかになった後も、ガイコツ柱に刻まれている仕口穴で、理由のわからないものがまだ残っている。例えば当初からあって一三〇〇余年移動していない東側柱の柱面の外側（東側）にある埋木《うめき》を取り外したところ、大壁の間渡貫穴が連続して残っていた。埋木した表面は柱の表面と全く同じように風化していて、白鳳期に埋め木したときにすでに存在した穴を隠す目的の仕事に違いないのである。ほかに建築当初から位置を移動していない北側の東から二本目と四本目の柱にも、深さ15㎜ほどの浅い高麗尺《こまじゃく》2尺間隔（70・8㎝）の間渡貫穴があり、この浅い穴は東室僧房の壁穴ではなく、転用材を使用してこれを細く仕上げ、長さも短くして建てたものと確認された。このような東室の建築当初からの柱は、三十本あった。この胴張りがあり、太さ41～42㎝、長さ4・3m以上の檜柱。これはどこから転用された材であろうか。

石仏の美

鈴木明寛

青森から九州まで、77カ所の魅力あふれる石仏のスケッチ。フェルトペンを使った独自の画が斬新。添えられた文章は、石仏紀行として楽しめる。

▼二六二五円

修験道っておもしろい！

田中利典

日本で十二番目の世界遺産「紀伊山地の霊場と参詣道」の誕生に大きく関わった著者が、登録の背景となった修験道と、吉野大峯の魅力を語り尽くす。

▼一五七五円

修験道大結集

金峯山寺

日本独自の神仏習合世界が放つ「地球平穏」「世界平和」の新たなメッセージを世界へ届けた日本仏教史上初の快挙、「修験道大結集」の全記録。

▼二五二〇円

〈全3巻完結〉教行信証の道標

藤谷秀道

Ⅰ　教行の部
Ⅱ　信巻の部
Ⅲ　化身土の部
各巻▼二一〇〇円

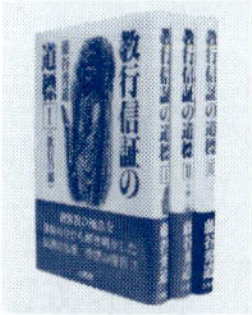

まぼろしの名著といわれ、知る人ぞ知る存在だった本書三巻が完結。親鸞の主著『教行信証』を、体験を通して読み、味わった信仰世界が語られる。難解といわれた『教行信証』が何を伝えようとしているのかを、しみじみと味わえる。三巻には師に導かれた同行の声も収めた。

アジアスケッチ
目撃される文明・宗教・民族
高山義浩
▼一五七五円

エコポリシーでいこう
小野田正美　大田安紗
▼一五七五円

きのくに歴史探見
海津一朗・編
▼一八九〇円

三つ子時代
不妊治療と多胎児が家族を変える
桜井大輔
▼一三六五円

ナチュラルハウスをつくろう
環境と健康を考えた住まいづくりのガイドブック
足立和郎・編著
▼二五二〇円

生き残れない「原子力防災計画」
広瀬隆氏推薦！
山崎隆敏
▼一五七五円

シュタイナー村体験記
森下匡　福岡賢作
妻鹿恵　妻鹿満里子　森沢寛子
▼一五七五円

心の解体新書
心理カウンセリングをめぐる最新事情
黒田耕太郎
▼一八九〇円

北海道犬がやって来て
山本正勝・杏子
▼一三六五円

最新邪馬台国事情
寺沢薫　武末純一
▼一五七五円

帖和讃』講讃 上 下

増井悟朗　上巻2520円　下巻2100円

帖和讃』を学ぶための最強のテキスト。上巻は「浄土
「高僧和讃」を収録。下巻は「正像末和讃」を収録。

の聖者法然上人

福富覚成　1575円

成田有恒（作家・寺内大吉）増上寺法主が待ち望んだ
の念仏者」が描く斬新な法然上人像の感動。

寺院は公益性を問われるのか

青少年教化協議会付属・臨床仏教研究所編　1890円

ム教から社会参加仏教へ。シンポの記録と論考。

事業による寺院の再生――ＭＢＡ僧侶の挑戦

哉　定価1000円　発行：中外日報社　発売：白馬社

と左脳のダンス――誰でもない私探し

昌　定価1575円

占めせず　姫路西光寺住職　大塚霊雲　2100円

磨く法句経　曼殊院門主　藤光賢　1365円

らかに生きる――仏とともに

大分霊山寺住職　稙田惠秀　2100円

れい説法　永観堂禅林寺法主　中西玄禮　1500円

(有)社寺企画代表　**天野正樹の本**

お寺を地震から守る方法

Ａ５判　1575円

揺れてからでは、もう遅い！

寺院の地震対策は、一般の住宅とは大きくちがう。
法隆寺をはじめ、長年にわたって社寺建築にかかわってきた著者が開発した画期的な地震対策を語る。

よいお寺を建てるには

Ａ５判　1575円

一寺に一冊、必携の本

どんなお寺を建てたらいいのか？
これからはどんな形のお寺が必要なのか？
伝統か革新か？
さまざまな疑問に寺院建築のプロが最適のアドバイスを示す。

鷲津清静

師が、知られざる念仏聖18人の信仰に生きた生涯を活写した。

▼一三六五円

天台ウーマンという生き方
おんなたちのスローライフ

横山和人

日本仏教の母山と称される天台宗で、話題を集める女性たちにスポットを当てたノンフィクション。封建的なイメージの伝統教団で生き生きと女性の姿が輝く。

▼一三六五円

仏弟子ものがたり

鷲津清静

お釈迦様の弟子33人の物語。高座説教の伝統を継承する著者の「語り」が冴える。お釈迦様や弟子方を身近に感じる、親しみやすい仏弟子伝の秀作。

▼一六八〇円

宗教原理主義を超えて

富岡幸一郎　金子昭

テロと戦争で幕を開けた21世紀。キリスト者と天理教徒による宗教間対話は、根元的な平和論について展開した。宗教は無力なのか、それとも希望なのか。

▼二一〇〇円

四国別格二十霊場めぐり
お大師さまと行く別格の道

四国別格二十霊場会

四国別格二十霊場寺院の由緒や見所について解説した公式のガイドブック。わかりやすい霊場寺院情報のほか、地図、年間行事一覧なども付されている。

▼一五〇〇円

宗教と人間の未来
シンポジウム「21世紀　日本の宗教を考える」記録集

石井研二　養老孟司　伊沢元彦
金子昭　秋田光彦　川島道資　西山茂　横山真佳

新宗連が50周年を迎えて開いたシンポジウムの記録。日本の新たな宗教の役割を模索した内容は、数多くの問題提起や気づき、示唆に富んでいる。

▼二〇〇〇円

いのちと日本人
現代日本の仏教と医療

仏教と医療を考える全国連絡協議会　編

仏教者、医療者9人の最前線からの報告。二つのシンポジウムから見える日本人といのちの姿。医療と仏教を結び、医療と仏教を変える試みを初めて提唱した。

▼二〇四〇円

呼応の教学
七高僧と親鸞

花井性寛

現代という場所に立って書かれた、真宗学の入門書。著者と七高僧、親鸞との応答の試みでもある。念仏の救いを現代に明らかにしようとする願いに貫かれている。

▼二五二〇円

当麻曼陀羅絵説き

鷲津清静

極楽浄土のありさまを描いた「当麻曼陀羅図」を、詳細に解説した数少ない労作。73点の詳細な図版を収録した。浄土曼陀羅研究必備。布教資料としても秀逸。

▼二五二〇円

五段鈔講説
西山上人の念仏

鷲津清静

法然上人の高弟・西山上人が、師から受け継いだ念仏の極意を簡潔にまとめた「五段鈔」をわかりやすく解説。西山念仏入門書として最適の一冊。

▼一八三五円

第九図　東室の礎石

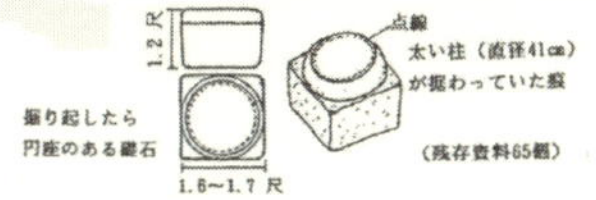

第十図　ガイコツ柱

謎3　円弧反りの虹梁

東室には法隆寺西院回廊（飛鳥様式）と同様の、見事な円弧虹梁《えんここうりょう》があった。第十一図に示すごとく、スパンは20・48尺（６・２m）、反り曲線の半径は下端が１４０尺（42・４m）、上端が98尺（30・０m）である。（高麗尺に換算すると、スパン17・５尺、反り半径は上85尺、下１２０尺）。奈良期の虹梁は、中央部が直線で、両端部だけ反り上がるものであり、これと比べると、違いは歴然としている。円弧虹梁が使われているのは、法隆寺の東室と回廊のみ、日本で二例だけである。この虹梁（★印）は、どこに使われていたものだろうか。

さらに、この虹梁が載っている桁にも不思議なことが出てきた。

謎4　不規則な広い狭いがある柱間

東室の桁行の柱間寸法は、広い狭いが不規則に繰り返されており、まことに不統一である。鎌倉時代の『法隆寺本古今目録抄』にも、わざわざ「東室者《は》間寛《ひろい》狭《せまい》不定なり」と記載されているほどで、確かに不思議なことである。この柱間寸法を現在尺で実測すると、10・53尺、９・89尺、９・05尺８・４４８尺（３・１９１m、２・９９７m、２・７４２m、２・５６０m）と四種類あり、これが大小ランダムに不規

第十一図　円弧虹梁

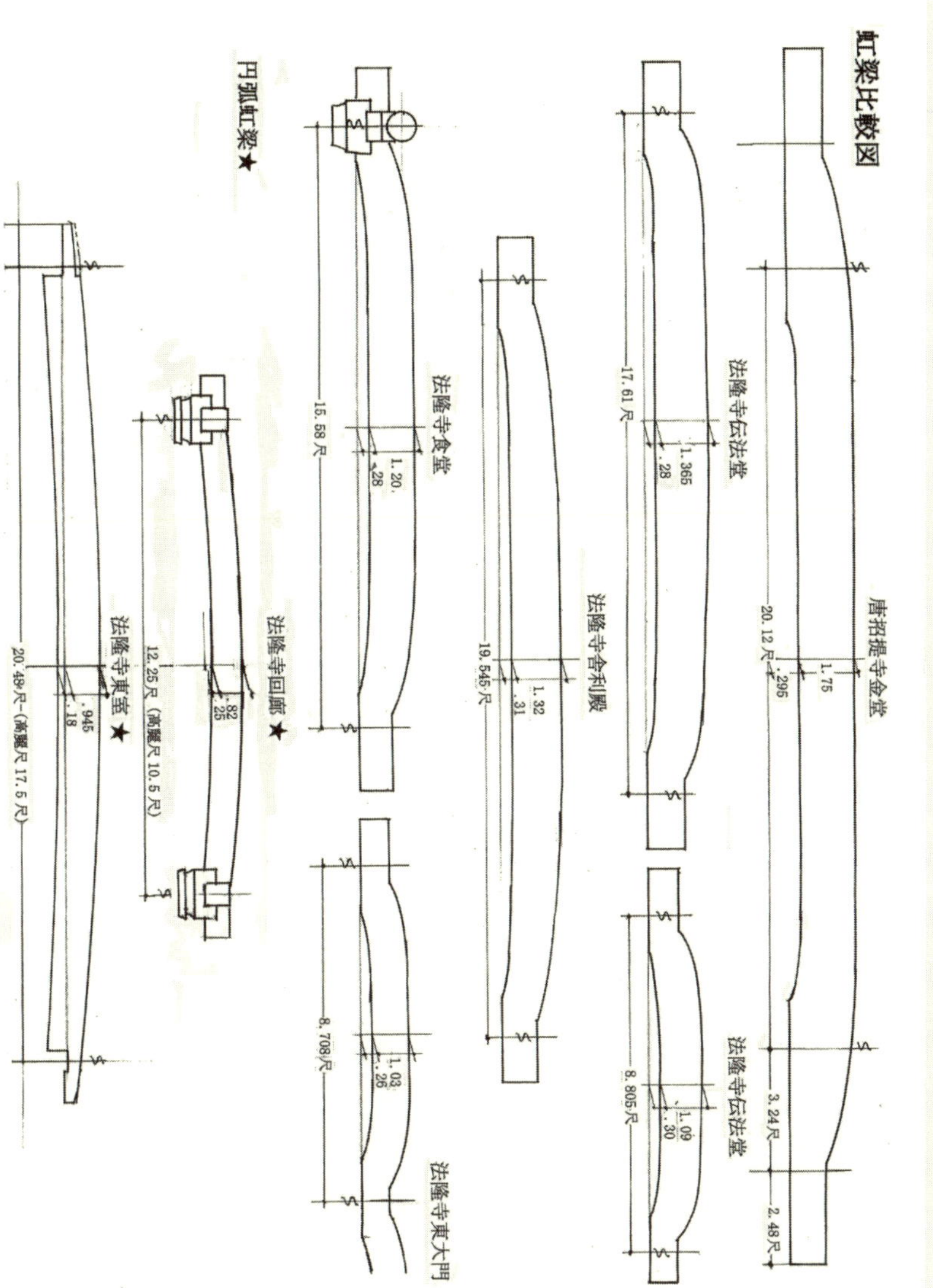

虹梁比較図
唐招提寺金堂
20.12尺
1.75
.295
3.24尺
2.48尺
法隆寺伝法堂
17.61尺
1.365
.28
法隆寺伝法堂
8.805尺
1.09
.30
法隆寺舎利殿
19.545尺
1.32
.31
法隆寺食堂
15.58尺
1.20
.28
法隆寺東大門
8.708尺
1.03
.26
円弧虹梁★
法隆寺回廊★
12.25尺（高麗尺10.5尺）
.82
.25
法隆寺東室★
20.48尺（高麗尺17.5尺）
.945
.18

第十二図　東室の柱間寸法

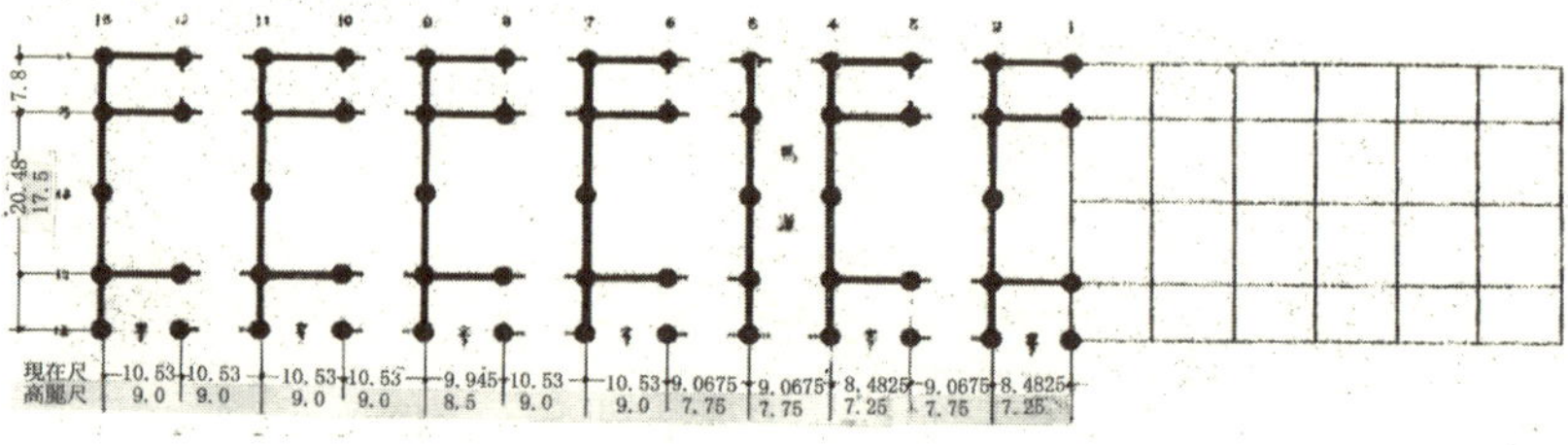

則に繰り返されていた。だがこの四種類の区別は、施工上の誤差とは考えられないのである。

法隆寺で筆者が西岡棟梁らと実測に使用していた定規竿の目盛りは、1高麗尺＝35・45㎝だった。前記四種類の柱間は、高麗尺ではなんと、9・0尺、8・5尺、7・75尺、7・25尺なのである。高麗尺は大化の改新（六四五）に発せられた大宝令により廃止されて、以後は唐尺に改められたとされる。

桁は第二十八図（153頁）の示す通り、継手が傷んでいると、取外して再使用する際に、切捨てて造り替えるため、高麗尺の5寸とか1尺が短くなる。桁は2柱間（例えば9尺×2＝18尺）毎に継手を作って継いでいる。北から9尺が8柱間続くうち、5番目と8番目の継手は手直しされて8・5尺となったようである。これ以南はもと2柱間15尺の桁の継手を切り縮めたと考えられた。

再使用する時に、桁の継手が傷んでいては役に立たない。傷んだ箇所を切捨てて、この桁を連結すれば、柱間に広い狭いが生じるのは当然である。なお下屋の柱間は高麗尺6・5尺である。

東室は高麗尺で建てられたが、金堂、塔、中門、回廊は高麗尺で建築されているのであろうか。

謎5　釘を使わない、飛鳥時代の小屋組

東室の屋根には、丸垂木が多数使われており、使用されていた垂木の全数二〇六本のうち、転用された垂木と合わせて九十一本が丸垂木だった。聖霊院にも同様な垂木が三十二本残り、合計すれば丸垂木一二三本となる。法隆寺では、金堂にも塔にもない、東室にしかない貴重品である。木目が細かい良質の心去り檜丸太（直径15㎝）で、上面に野地材を蔓絡みする穴が掘ってあり、垂木と垂木を組む組手が残るものもあり、釘がなくても傾斜する屋根が造れる。丸垂木は何処に使われていたものか。飛鳥時代の建物は、釘を使わないで垂木を固定していたのではないだろうか。

法隆寺で垂木が釘で固定されたのは、恐らく和銅年間以降と思われる。なお、芯去りでない芯持ち檜丸太もあった（157頁第二十九図「釘を使わない垂木の組手と野地材蔓絡み穴」参照）。

東室の解体修理によって、発見された礎石、柱、桁、梁、丸垂木の五つの技術資料は、我が国の飛鳥時代の建築工法を残すものであり、金堂と五重塔の解体修理が終わったあとに、新たに発見された貴重な資料である。これが法隆寺の歴史を見直すきっかけとなった。

若草伽藍5つの謎

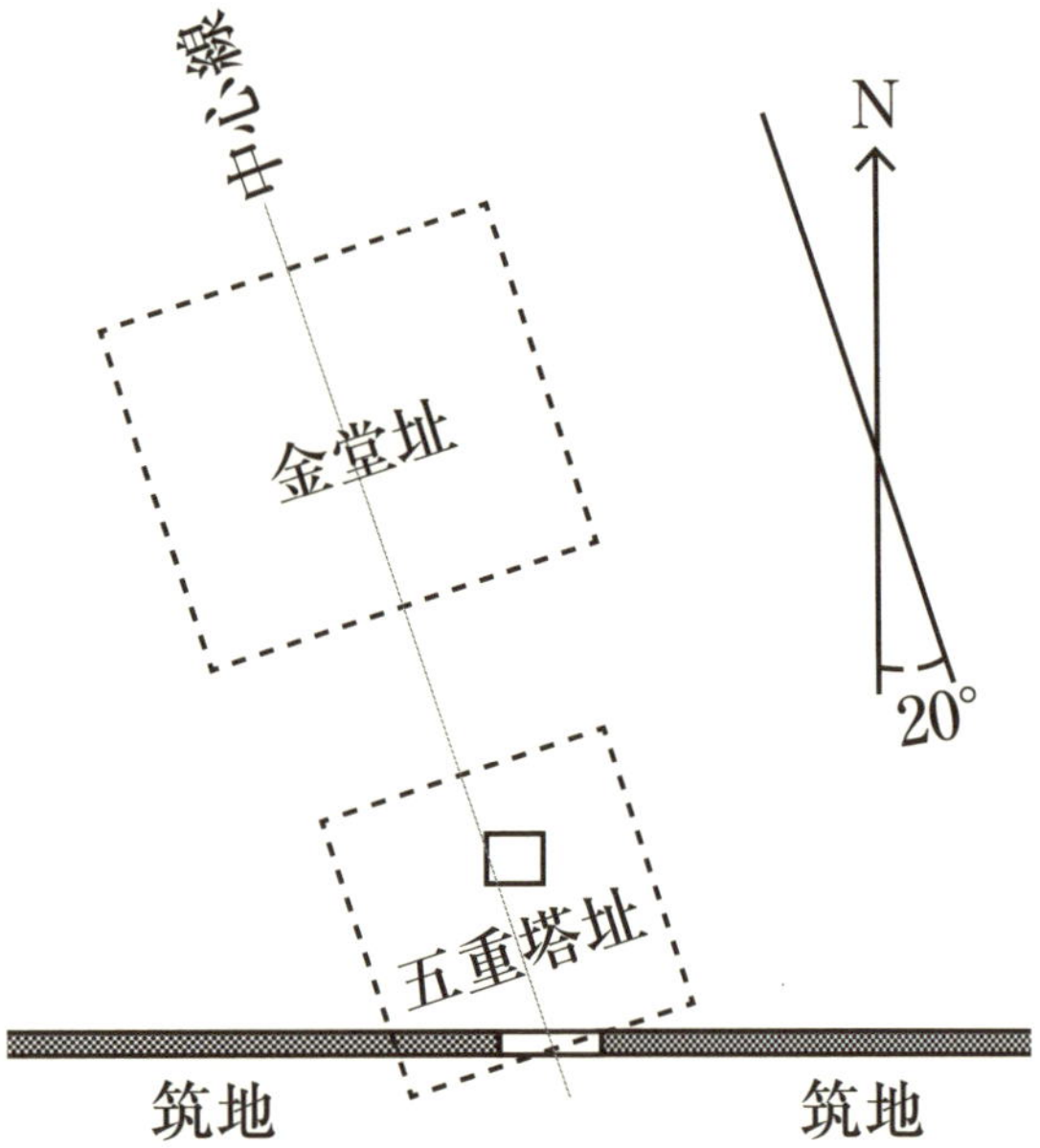

謎1　伽藍焼け跡に礎石が無い

法隆寺創建伽藍は、西暦六七〇年雷火により全焼したとされ、金堂と塔の基壇跡が発掘調査によって確認された。西側の谷川に捨ててある焼けた瓦と、煤けた壁画の壁土が確認されており、被災は確かなことである。しかし、この瓦と土壁以外に目ぼしい固形物は出土していない。大量の礎石は何処へ埋めて捨てられたのか。

全国各地にある国分寺遺跡等には礎石が多数残るものがあり、伽藍が存在した歴史を証している。しかし若草伽藍の焼け跡には焦げた礎石が見当たらない。掘り起してどこかへ運んだのではないか。そして、西院伽藍の金堂と五重塔と中門とには、焦げ痕や手直し傷をもつ礎石があり、東室と大講堂には裏返して再び使用した礎石がある。これらはどこから運んできたものなのか。

謎2　焼けた木材もない大伽藍焼け跡

太い木材は、表面は火炎で炭化して黒焦げとなるが、中までは燃えない。火災で燃えたとする若草伽藍の金堂と、塔、中門と回廊址では表面が黒く焦げた木材が大量に残っている筈であるのに、これはどこに捨ててあるのか。どこに大量の太い焼けぼっくいがあるのか。

若草伽藍の全ての堂塔が雷災で燃えて消滅したのだろうか。伽藍全焼ならば、焼け焦げた大量の材木が廃棄され、埋められた筈であるのに、発掘しても未だに発見されていない。

現代の建築学では、太い木材は焼けて灰にはならず、中は燃えないとする。収蔵庫にある金堂火災の黒焦げ柱も同じ状態である。とすれば、火事のあと建物は解体されて、太い柱や梁、桁は、焦げた表面を削り取って、再使用されているのではないのか。また東室のように、火災被害を受けていない建物もあることも考慮する必要がある。

謎3 伽藍が全焼したのに飛鳥の仏像仏具荘厳具は現存？

何度も繰り返すが、法隆寺歴史の論文は、どれも落雷により全建物が焼失したとしている。それならば、いま法隆寺に伝わる仏像、荘厳具、調度品は、すべて若草伽藍のものではなくて、斑鳩宮で焼かれずに残ったものなのか。

しかし、斑鳩宮は兵による焼討ちであり、落雷よりも意図する放火では建物、仏具荘厳具の損失は多いと思われる。落雷火災の場合なら、火元は一か所であり、消火の手が回りやすいからだ。

現在法隆寺に伝わる仏像、荘厳具、調度品は、燃えさかる堂宇の中から運び出されたのだろうか。運び出したとき傷ついて修復されていないか、和銅年間に新築されるまでどこに保管保護されていたのか。

また、伽藍が全焼しても、火災跡から鉄、釘、金物、陶器片、瓦、壁土等が出土するはずである。しかし、たびたび発掘して調査されたが、若草伽藍跡には、大量のこの焼け残った材がないのだ。

謎4 五重塔心柱礎石には一寸小さい

若草伽藍跡に古い塔の心柱礎石（3m角弱、高さ1・2m、重さ12t）が残置されている。発掘調査では、塔の心礎を地中深く埋めた痕跡はなかったとされる。ならば、心柱の礎石を堆積土の上に据えて、礎石が隠れるだけ基壇を版築で高く盛り上げていたのだろうか。

西院伽藍の五重塔は礎石を地中に埋めているのに、なぜ工法が違うのだろうか。また、この礎石の上面には、70cmの八角形で添柱の付いた穴が彫り下げてあるが、五重塔の心柱用としては小さいのではないか。地中埋込み式でないこと、柱の彫込み穴が小さく鎮め物を収める穴がないなど、謎ばかりである。例えば法隆寺でない三重塔の礎石ではなかろうか。

謎5 土盛りした版築基礎は沈下しないか

矢田丘陵から下る伏流水が、創建法隆寺伽藍の地山の表面を伝わって、絶えず南南東へと流下している。

若草伽藍の発掘調査では、地山を確認した記録は見当らず、堆積土の上に版築して基壇を盛り上げたようで、その基壇の上に礎石が据えられたとみえる。しかし建物の版築基礎の足元は、伏流水によってじわじわと絶えず洗われるので、基礎の土が緩み、とくに塔の礎石は、柱の重さに耐えられずに沈下が進行する。現代の建築技術ならば、土を盛り上げて築いた壇に礎石を据える工法などは、絶対に採用しない。版築基礎は建物が沈下しやすいからである。

つまり、土盛りした版築基礎は沈下したのでないだろうか。

以上、法隆寺の謎は30に達した。「日本の歴史には解らないことが二つある。一つは法隆寺」とされる所以である。では、これらの謎を解く鍵について論じていこう。

第二章

歴史絵のジグソーパズル

Ⅰ　タイムスリップして考える

1　古代斑鳩を空から眺める

法隆寺伽藍建物の歴史について考察するには、まずその建物はどのようにして造られたかを詳しく知るべきである。建設された当時の社会の情勢、政治、思想、建築事情等を含めて社会的背景を知ってこそ、正しい判断が可能である。建物建設のプロセスをいろいろな角度から観測して、一四〇〇年前の建築現場の工人の動きと風物を再現して歴史絵の絵ピースとして表し、これを纏めてみたい。頭を切り替えて、飛鳥期へタイムスリップしよう。

古えにはお寺は地名によって呼ばれていた。斑鳩の里に建つ斑鳩寺、公的には法隆寺と称されていた。第十三図は今から一三〇〇～一四〇〇年前の斑鳩の里を俯瞰したものである。

生駒山系矢田丘陵の南東に、斑鳩宮と斑鳩寺があった。東３００ｍほどに中宮寺が、西５００ｍに藤の木古墳があり、北方に１㎞余り離れて法輪寺と法起寺が見える。矢田丘陵の麓には天満池、感そ池、

第十三図　斑鳩の里俯瞰図

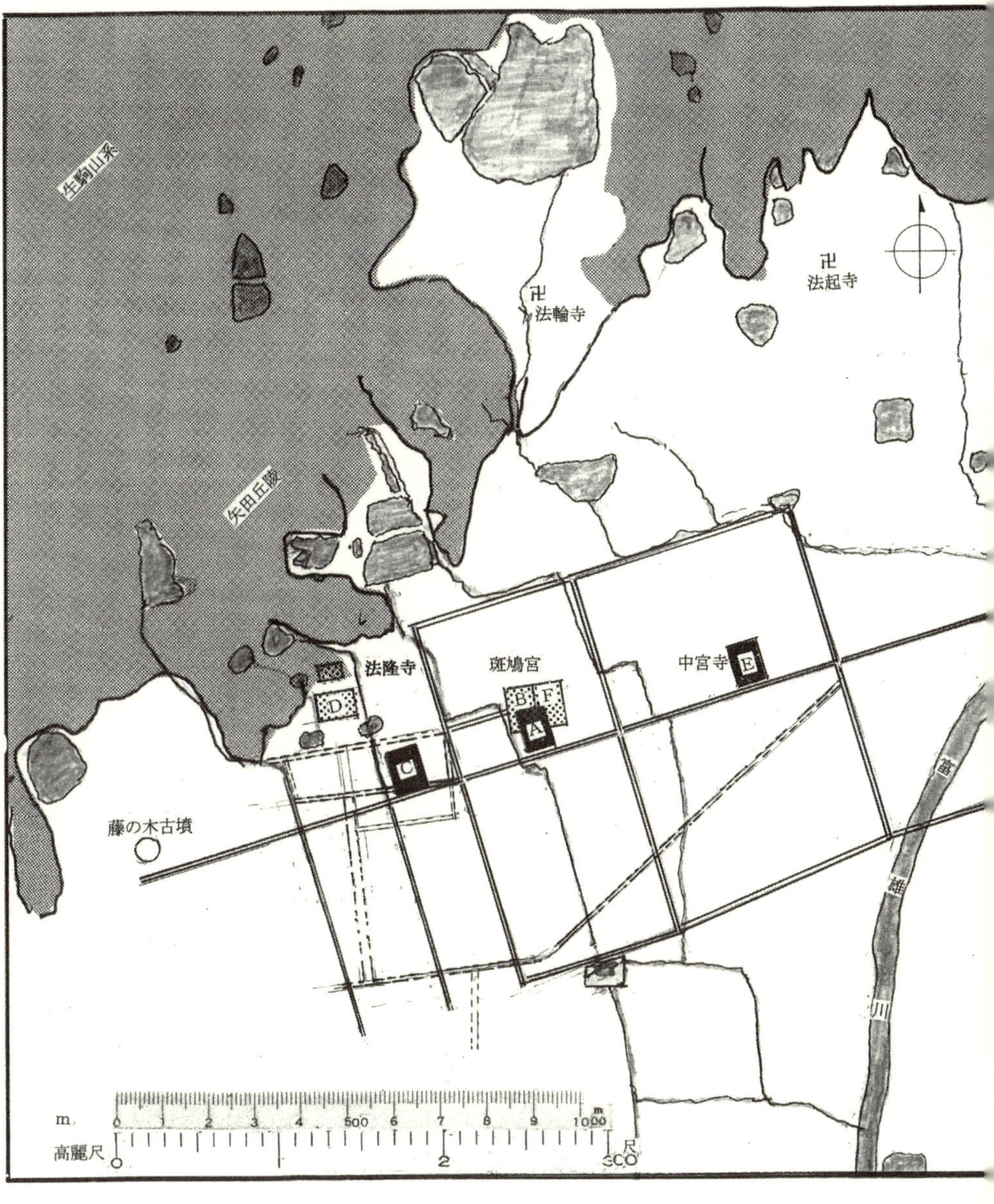

慶花池ほかいくつも池があり、そこから出た小川は斑鳩寺をへて南南東へ向かい、沼と池とが点在する盆地を縫って、富雄川に流れ込んでいる。南へ遡れば飛鳥川、西へ下れば太田川となる。舟や筏による物流路は瀬戸内海へとつながり、船で朝鮮半島そして唐へと渡ることも可能だった。

斑鳩の里は、道路すべてが磁北よりも20度ほど西寄りの角度で延びて拡がり、道沿いに斑鳩宮跡Aと、創建法隆寺址Cがある。斑鳩宮は焼き討ち（六四三年）されて、また斑鳩寺（創建法隆寺）は落雷して炎上し、そのあとに東院伽藍Bと、西院伽藍Dとが造られた。この二つの伽藍は、磁北に近い方向を向いて建ち、道もこれにならっている（中宮寺Eは室町時代に東院伽藍の東隣Fに移った）。

斑鳩宮跡A及び創建法隆寺址Cは、伽藍中心線が磁北から約20度ほど西に向いており、東院Bと西院伽藍Dは、磁北から3度西向きである。そして西院伽藍は創建法隆寺伽藍よりも、5m高くなった。

西暦六〇〇年代は磁北20度、西暦七〇〇年代は磁北3度の方位。道路も川の流れる方角もこれと軌を一にして変わった。二つの伽藍が方位も高さも違うこと、これは飛鳥と奈良文化の色分けと言える。法隆寺の歴史考察に大きく関わることである。平安京の都が成り、大極殿落成、東海道が開かれたのは七九五年ころである。八〇五年、最澄は比叡山延暦寺に天台宗を開宗した。西暦八〇〇〜一二〇〇年は平安の文化が長く続いた。飛鳥→奈良→平安、建物も、仏像も、絵画工芸品も、彫刻も、この時代色分けごとに、同じ共通した特徴を有する。外観や雰囲気だけではない。飛鳥仏と奈良の仏と京都の仏さまが違うように、建築では使われる木材も工具も工法も、そして建物の雰囲気も曲線さえも同じでなく、飛鳥・奈良・平安という時代の流れに沿って変化している。

2 当時の社会の情勢

(1) 遷都、遷都また遷都

西暦六〇〇年～七〇〇年ころの日本社会、これは今から一三〇〇～一四〇〇年前だが、とりわけきびしい状況にあったようである。

仏教が我国へ伝来したのは五三八年（一説には五九二年）、法興寺、法隆寺、四天王寺、法輪寺、法起寺などの寺院が建てられた。聖徳太子は六二二年逝去、六二六年には蘇我馬子が死亡。そのあと蘇我入鹿が力を伸ばしたものの、蘇我氏は長くは続かず滅亡。この大化の改新（六四五年）以後も、社会の情勢は激しく動いて、六四六年難波の豊崎宮へ遷都。六六七年大津京に遷都。六九四年藤原京に遷都。そして七一〇年平城京（奈良）に遷都。まだ八世紀に入ってからも、政治は不安定だった。

七四一年恭仁京《くにきょう》へ遷都。七四四年難波京に遷都したが、翌七四五年すぐ平城京へ復帰。七八四年長岡京に遷都。やっと平安京（京都）へ遷都したのは、延暦十三年（七九四）だった。

はじめに述べたように『日本書紀』には天智九年（六七〇）の条に創建法隆寺炎上のことを記している。しかし前年の六六九年にも「斑鳩寺災ス」とあって記述がダブっている。「書紀の記録は天智期が最もあやしい」と言われるのも頷ける。遷都に次ぐ遷都の混沌とした世にあっては、記録が逸散し、選上に支障をもたらした可能性を否定できない。

(2) 飢餓と旱魃の記録

政情の不安定に加え、天候も不順だった。たびたび旱魃や飢饉に悩まされ、地震も多発。二重苦、三重苦だろうか。資料を抜き書きする。

推古三十四年(六二六) 大飢饉
舒明八年(六三六) 大旱魃
天武四年(六七五) 夏大旱魃五穀不登
天武五年(六七六) 五月大旱魃
天武十年(六八一) 七―八月旱魃
慶雲元年(七〇四) 夏旱魃四畿内当年の調を免ず

(3) 地震の記録

七世紀、日本列島は地震活動期にあり、法隆寺も被害を蒙ったと思われる。以下は日本書紀から拾った地震記録である。

推古七年(五九九) 地動き屋舎悉く壊る
皇極元年(六四二) 十月、三回地震
天智三年(六六四) 春、大震

天武二年（六七三）　十一月、大震
天武四年（六七五）　六月、大震
天武六年（六七七）　十二月、筑紫大地震
天武七年（六七八）　十一月、同地震
天武八年（六七九）　九月地震
天武九年（六八〇）　三月、六、十、十一月地震
天武十年（六八一）　地震多し、八月大震
天武十二年（六八三）十月京都及諸国大震津波
天武十三年（六八四）三月浅間山噴火　十一月地震
　持統元年（六八七）　一月、十一月、地震

七世紀の日本列島、特に近畿地方は、四百余年周期で繰り返し発生するとされる地震活動期にあったようである。書紀推古七年（五九九）の条に、「地震により舎屋倒壊、四方に地震神を祀らせる」とある。これが前震で陸地の地震が続発し、天武十三年（六八四）に南海トラフでＭ８強の巨大地震が発生した。この九十年間で十三回の記録。浅間山噴火も一連のものである。

土盛りした基壇に礎石を据えて、その上に柱を立て、大きい軒の出の屋根に重い瓦を葺いた寺院建築は、地震の横揺れや突上げで、手ひどい痛手を蒙ったに違いない。飛鳥時代に建てられた百済大寺、川原寺、飛鳥寺、本薬師寺、山田寺等の伽藍は、建物が倒れたり、移転したりして残っていない。創建法

隆寺はこの時期に、更に火災の被害が重なったのである。法隆寺にとっては、六六四年地震のあと落雷被害を蒙り、その復興の大切な時期に、毎年のように地震があった。南海トラフ大地震が六八四、永長元年（一〇九六）の東海・南海沖海溝地震、そして前後に陸地の活断層地震が連続して、畿内、東海道の社寺にひどい被害を与えた。法隆寺も保安年間に被害を復旧するため、堂塔の多くが大修理されている。慶長元年地震（一五九六）もひどく、余震は翌年まで続いた。ほとんどの建物は、地震記録のあと、被害修復の修理工事が実施されている。

古い寺院と建築の歴史を考えるには、地震によってどのような被害を蒙ったか。その被害復旧工事がどのようになされたかという視点で考察すべきだと思う。阪神淡路大震災以降、瓦屋根の葺き方は、重い土葺きから、土を用いない空葺きになった。これにより倒れにくい本堂となった。地震災害復興にあたっては、被害を繰り返さないための新しい技術が生まれてきたのである。飛鳥時代の屋根小屋組形状と屋根瓦葺は、天平時代以降、それまでの蔓からみ方式でなく、釘を使用して固定する方式へと変化したのではないかと思う。

Ⅱ　当時の建設工事の方法

一三〇〇～一四〇〇年前の建設工事を、現代の生活目線で考察しても、正しい分析や正確な判断はできない。古代の人間生活、当時の運搬や施工技術、そして建設物資の運搬路、現場の高低差、給排水路、土質などについても把握しておかねばならない。

1　掘立柱の茅葺き小屋で土間生活

西暦六〇〇～七〇〇年、法隆寺が建設された頃の庶民の住いは、まだ竪穴式住居だろうか。地面を掘り下げて寒さを防ぎ、壺掘りして柱を立て、屋根は茅で葺いていた。

これに比べて、伝来した仏教建築の技術ははるかに進んだもので、竪穴式住居とは次元が異なるものだった。礎石を据えて、トックリ形に仕上げた太い柱を連立し、大きく軒を持ち出した反り屋根には重い瓦を重ねて葺いていた。壁には土を塗り重ね、漆喰で仕上げて、壁画が描かれていた。木部は彩色され赤緑黄に塗られたようである。

2　修羅で運搬、モッコを棒担ぎ

堂塔の建物に用いる大材は、山で伐採した樹を、丸太筏に組み、川を下って近くに陸揚げする。二年か三年水に浸けておくことによって、樹液が押し出されて乾燥が進み、軽くて加工しやすくなる。重いものを運搬するには、木の二股をY字形に仕立てた修羅《しゅら》という運搬具が使われた。下に丸太のコロを置き並べ、石などの荷を載せて力を合わせて引っ張った（第十四図）。

整地作業には鎌、鍬、鍬があったようである。土はモッコに盛り、これに棒を通して二人で担ぎ、エッサエッサと運んだ。

東室の凝灰岩礎石は、生駒の山から伐り出して運ばれてきたものである。加工前は一個0・4屯ほどの重さである。これを何百個（？）も山を越え川を渡って斑鳩の里までを運んでくるのは大変である。したがっ

第十四図　修羅

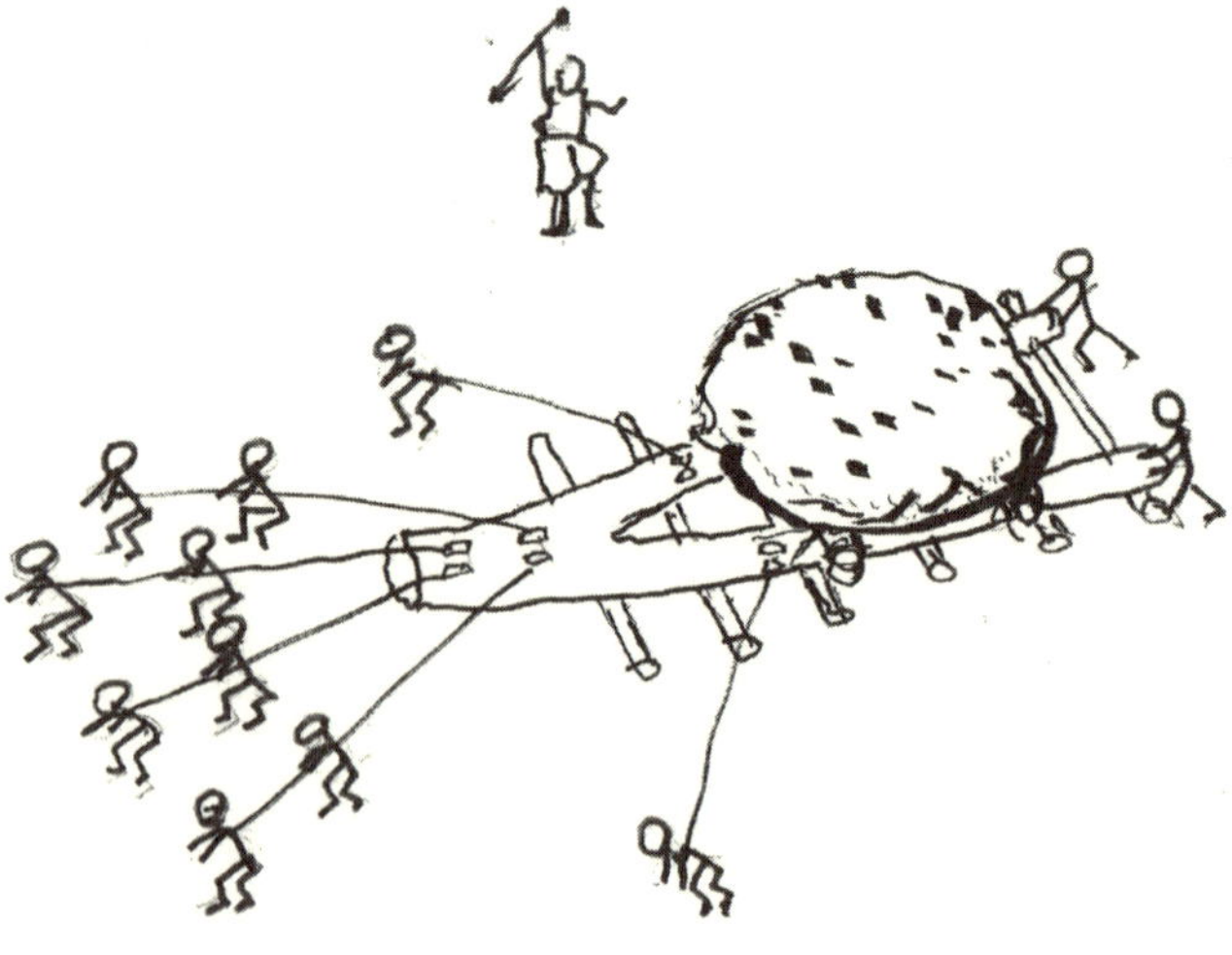

て、礎石が汚れたり火事で傷んだりしても、新たに補充するよりも、傷んだ礎石の表面を削り取り、又は裏返して再使用するのは当然のことである。

若草伽藍跡地の礎石が抜き取られてどこにも見当たらないのは、西院伽藍に礎石の焼け傷を削り取って再使用したからで、これは当たり前のことなのである。

3　寺院建物の基礎は版築

古代の仏堂は、地面に土盛りして築いた基壇の上に建てられた。粘土と砂とを層状に交互に搗き固めて築く版築《はんちく》という工法で、そのあと基壇の周囲には石を積んで、格調高く仕上げた。この版築基壇の上に礎石を同じ高さに揃えて据付け、柱を立てた。

この版築基壇即ち土盛して搗き固めた壇は、当初は立派で丈夫であっただろうが、伏流水に洗われていると崩れやすくて弱いもの。五十年も経てばあちらこちらで礎石が沈下して、それを据え直しても隣がまた沈下する。版築基礎に建てた柱と桁梁を水平垂直に支持するのは難しいのである。

4　木材を加工する道具は

法隆寺を建てる時には、どのような工具が使われていたのか。建物の構造は、太い木を組合せた、箇単であるが合理的なものだった。丸柱の上部に枘《ほぞ》を造出し、これに桁の枘穴を合わせて載せ、その上に直交して梁を架けた。桁と梁が交叉して、しっかり組み合って固定される（第二十八図、153頁参照）。

材木を切断するには、小さな横挽き鋸かヨキ（マサカリ）又はチョウナを用いた。木材を縦に挽く縦挽き鋸などはないから、丸太を角材や板にするには、切断面に楔《くさび》を叩き込んで、縦方向に割り裂くしかない。割った肌の表面を平滑に仕上げるには、ヤリガンナを用った。穴をあけたりする、小細工には鑿《のみ》が使われた。

建物の水平と垂直を調べるのは、水平器と下げ振りによった。建物を建てた時は水平、垂直であっても、継手《つぎて》と仕口《しくち》の加工具がつたないため誤差が生じやすい。この工具を使って高さ34・1mの五重塔を建てたのである。

5　釘は貴重品、建築使用は要所のみ

創建法隆寺では、釘は桁と梁の交叉部を固める以外には、ほとんど使われなかったようである。建築するのに釘で固定することなく、どのようにして壁材や垂木などを取り付けたのか。これは東室を修理する時にしっかり調査して確認した。

屋根の垂木は、二本の垂木を頭部で交叉して、木栓を穴にきつく挿して組み（コンパス状に）、棟木の上へこれを乗せかけていた。垂木の上面には、あらかじめU字形に穴が同じ間隔で作ってあって、ここ

に蔓を通して屋根の野地材を結わえていた。二十九図（157頁参照）のごとく木栓で垂木の組手を止め、蔓で垂木と野地材を結わえるので、この工法ならば釘は不用である。この時代、釘は貴重品であり、安易に垂木を釘で固定することなどは、経済的に出来ないことだった。

東室の丸垂木も、大講堂から発見された古い角垂木も、この蔓を通すめど穴が整然と一定間隔で残っており、釘穴はなかった。釘が貴重品であった時代には、蔓絡み穴を掘るのは面倒だが、この工法によるしかない。壁は、柱に等間隔で貫穴《ぬきあな》を穿って貫を挿し渡して、この貫に壁木舞を蔓で結わえた。土壁は、この木舞下地に壁土を薄く何度も塗り重ねたもので、丈夫で横揺れに強い、古代の耐震壁だった。東院伽藍の調査でもこの釘なし工法の使用が報告されている。

我国に製鉄技術が普及したのは七世紀後半のことで、鉄はまず武器と工具に用いられた。釘は貴重品であり、創建法隆寺の堂塔建設にはほとんど使われず、蔓絡みして固定していたと考えられる。金堂や塔の解体修理では、桁に垂木を打付けた釘穴がないから、屋根の葺き替えは全くないとされていたが、その考えは間違いでなかろうか。

古代にあっては、松丸太を焚いて瓦を焼く登り窯の火力が弱いために、瓦の焼成温度が低くて中に水分が浸み込みやすい。浸み込んだ水分が夜間に凍結して瓦が大きく割れ、屋根は雨漏りして野地が傷む（現在は油ガスを使って高熱で焼くので、割れは少ない）。奈良の冬は京都よりも冷え込みが厳しく、毎春割れた瓦を差し替えていても、四十年に一度くらい屋根は全面葺き替えをした。これは屋根施工についての科学的思考である。

この頃は地震活動期で、九十年間に十三回も地震記録が見られる。そのような目で釘を使わない垂木の組手と野地材蔓絡め穴の古式工法を見てほしい。当時の社会情勢を知って、科学の光を当て、建築の歴史を考察すべきである。

Ⅲ　現代の建築技術と理論

1　「延焼理論」―火災はどのように燃え拡がるか―

木造建築の類焼を防いで大火事をなくす対策は、隣家と離して建物を建てることである。類焼を防ぐには、隣の建物との中心線から、平屋は3m以上、二階建ては5m以上離して建てると効果がある。この範囲を「延焼の怖れある部分」という。建築基準法では、木造火災の「延焼の恐れある部分」について、隣の建物と離せない場合は、延焼の怖れある部分を防火性能を有する材で覆っておきなさい、と定めている。

第十五図のイラストを参照してほしい。延焼の恐れある部分とは、平屋建ては3m、2階建は5mである。金堂と回廊は中心線からそれ以上離れており、延焼のおそれはない。延焼理論は、三階以上の高い建物には適用されない。五重塔のような高所の屋根が燃えれば、炎をあげて燃える木が、斜めに落下して隣の金堂と中門に燃え移った筈である。

第十五図　「延焼の恐れある部分」説明

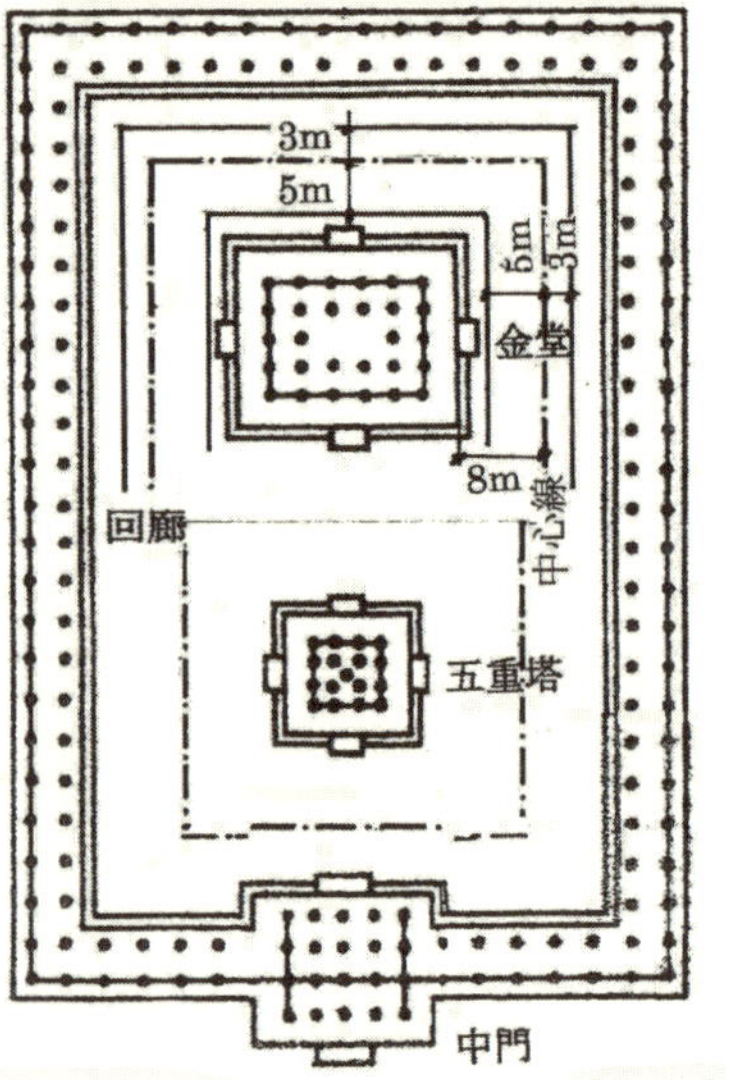

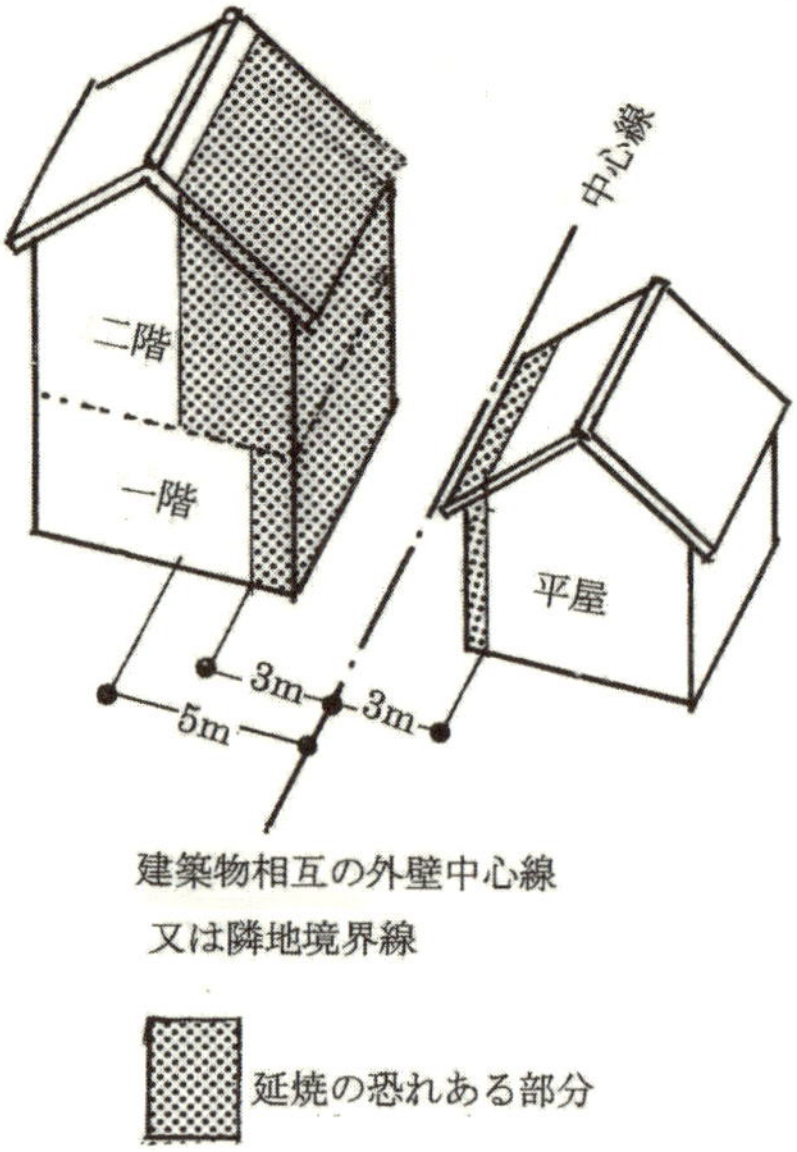

2 「燃え代《しろ》理論」―木材は燃え尽きない―

建築基準法には、もう一つ木材火災についての理論「燃え代理論」がある。東京オリンピックのメインスタジアム屋根の予算オーバー問題で、竜骨を「木材で造れば丈夫で安い」とするのはこの考えに基づいている。

日本の山には木が沢山あるのに、国産の高値木材は、輸入木材の安い価格に押されて伐採されない。林業がすたれ、山は荒れるばかりである。木材の使用を増やすために集成木材を使って、なんとか安くて火災に強い大型木造建物を建てようとする研究が進んでいる。木造建築は火事で燃えてなくなるもの、と思い込んでいるとすれば、それは間違いである。「燃え代理論」とは次のようなものである。

「木材は火熱によって表面が燃えて黒く炭化するが、炭化層の下に被膜が出来る。この膜は空気を通さず、酸素の供給を遮断するため、燃焼は被膜より内部へは進まない。木材組織は燃えないため劣化せず、木材強度も低下しない」

昭和二十一年、壁画模写中に出火して燃えた法隆寺金堂の柱、梁と壁画は、元通りの配置に組み立てて収蔵庫に保存されている。この表面が炭化した柱、梁を見れば、「燃え代理論」が正しいことを確認することができる。

架空の話で恐縮である。大雨のさなか西院伽藍の五重塔に落雷したと想像してみてほしい。この時、

第十六図　「燃え代理論」説明

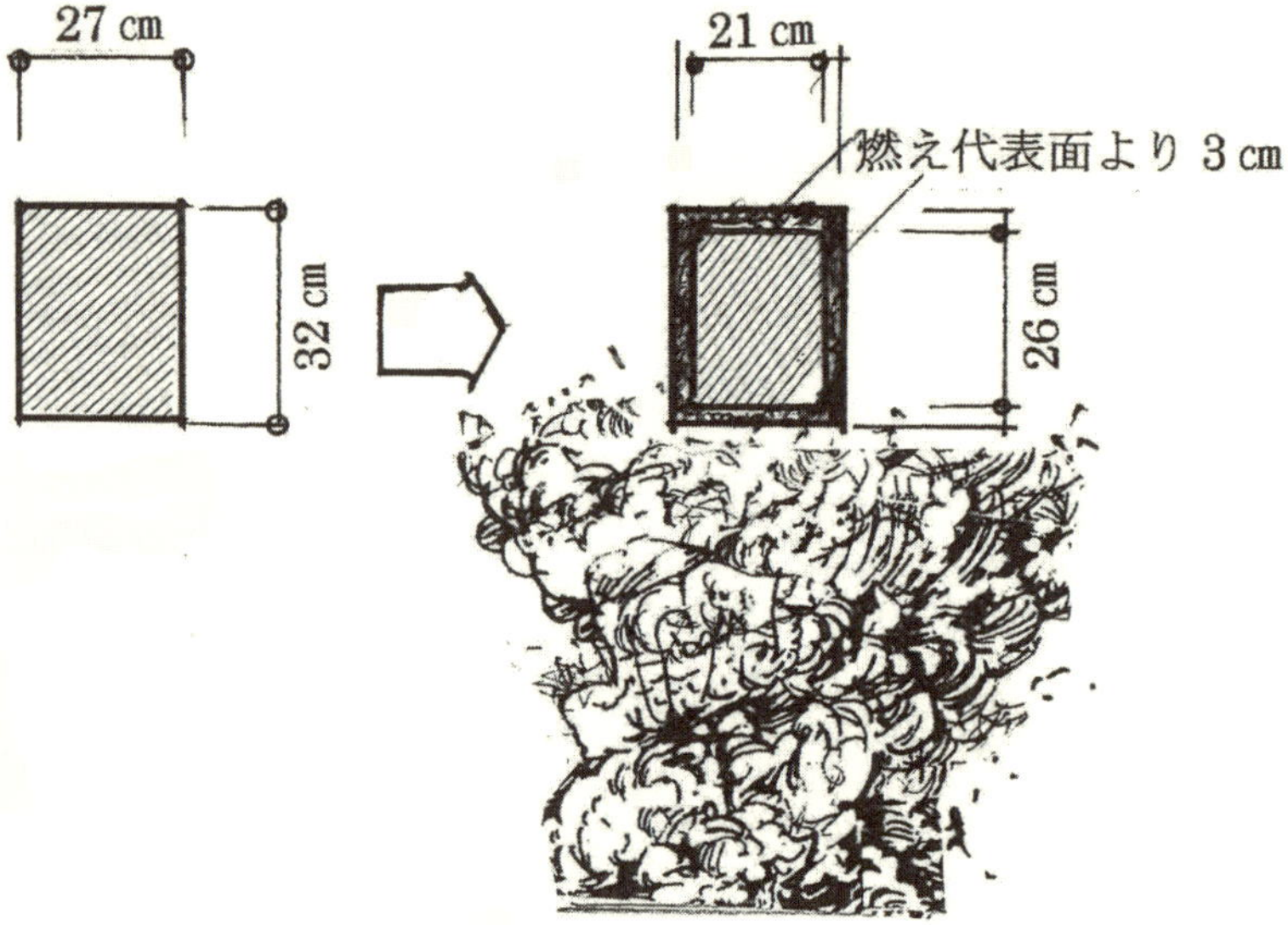

着火し1時間燃えた場合、表面から3㎝は焦げるが、
内部は燃えないので耐力を失わない。

大講堂も食堂も綱封蔵、東大門など境内すべての木造建物が一屋残らず焼失するものだろうか。

燃えるのは、屋根と軒と天井等である。太い柱や桁梁は焦げたとしても燃え尽きることはない。収蔵庫に保存されている柱梁と同程度で、倒壊することはない。二百数十人いたという学僧達は、火災の発生後、僧房から飛び出して消火した筈である。一般人の健全な常識では、建物全てが焼失したとするのはナンセンスである。『日本書紀』の「法隆寺若草伽藍の建物は一屋も余さず焼失した」という記述、こんなことは、現代の建築理論においてはあり得ないのである。ある筈がないことを、古建築の歴史考察では、あったと頑なに信じているのではないだろうか。

五重塔、金堂、中門、この三つの建物の礎石に焼け痕が残っていることは事実である。筆者が特に注視しているのは、塔の礎石に乱れが多いことである。恐らく高く聳える五重塔の相輪に落雷して心柱を伝わって、初層から炎があがり、塔の内部が燃えて上層の屋根へ次々と拡がった。火災は五重塔から金堂と中門へ燃え移ったが、それ以上の大事に至る前に消し止められた。五重塔の工事中の写真を見ると、雲形肘木《くもがたひじき》は縁の彫り込みと舌が僅かに残って見える。これは火災痕の表面を削ってきれいにしたのではないか。材に残る痕跡から、このように想像する（105頁、第二十一図矢印a、b部分）。

住宅火事のテレビニュースを見て、木造建築は火事に弱いと思いこんでいないだろうか。住宅では普通12㎝角～10・5㎝角の柱を使っている。火事でこれが一時間燃えると6㎝角～4・5㎝角になって、柱としての必要な構造強度がなくなって倒壊する。これは柱表面を耐火被覆しない建物なので、崩壊して当然である。表面を燃えにくい材で被覆すれば倒壊は防げる。

また、法隆寺境内を発掘した調査記録の中に、炭化した木片が見えたことをもって建物火災の跡と捉えている報告がある。これは間違いである。ここで山焼き、野焼きについて記しておく。西院伽藍の敷地は、造成する前に、それまで山地一面に生い茂っていた灌木や羊歯類、野草を野焼き処分したあと、整地している。筆者は東室の発掘トレンチでこれを把握している。炭化層は建物の火災跡ではないのである。

3 伏流水―建物の版築基礎の足元を崩す―

伏流水《ふくりゅうすい》という言葉は、聞いたことがあるとしても、自分には関係ないことだと思っておられる人が多いのではなかろうか。しかし現代にあっても、伏流水の知識がない人は、大きな土木工事と建築工事を行うことは無理である。そういう人は手出ししてはならない。

京都は、東・北・西の三方を山に囲まれた平らな市街地のように見える。しかし、地面は北から南へかなり傾斜しており、一条から九条まででは、京都タワーの高さと同じほど低くなっている。場所によって違うが、現在の市街の地面から3mほど下に、粘土層の地山があって、その上に長年に亘って堆積した土が幾層にも重なっている。

伏流水は地山の緻密な粘土層を下方へ抜けては通らない。空からの雨水と北山から下る水が堆積土に浸み込み、この粘土地山の上面をひたすら南下方へと流れて行く。東山の水は鴨川へ入り、西山の水は桂川へ流入するが、中央の盆地部の水の流れはこういう状態なのである。

京都の地下鉄東西線は、京都市街の中央を東西に走る。京都盆地を南下する伏流水を、連続地中堰を造って一挙に堰き止めるのは大変であり、建設工事は何度も中断したようである。

筆者が手がけた建築の一つ、真言宗智山派の総本山智積院の金堂は、京都東山の西麓風致地区に建つ、二階建ての鉄筋コンクリート大建築である。間口27・6m、奥行き23・8m、高さ23・5mである。半地下の建物で、地下室の床面は粘土の地山層より低い位置にある。掘削中の大雨の翌日などは、工事現場は水浸しである。東山の粘土地山の表面を西流する伏流水が噴出して、大きな池となっており、慌てて排水施設を計画したことがあった。

また、同じく筆者が手がけた真言宗御室派総本山仁和寺の御室会館（地上2階、地下1階）も、建設途中で予期せぬ伏流水に驚いた。御室桜は樹高が低いので有名だが、地表面から粘土層の地山までが浅くて、樹根は地中に深く入りこめず、従って桜の樹高も低いのだそうである。御室会館の地下一階の床高さよりかなり上部から伏流水が湧出して止まらなかった。この対策も、工事の途中で追加施工した。

古代の寺院造営では、伏流水の知識などなく、建物の基礎は伏流水に洗われて沈み、礎石の足元を緩めた筈である。法隆寺も同様で、これまでは敷地の高低、上下水、そして伏流水についての関心が欠けていたようである。斑鳩の里は北西の山から大量の伏流水が流れ下っており、創建法隆寺はどのような対策を取ろうか悩んだすえに、粘土質地山への移建を決断したのではなかろうか。

福島原発は伏流水に手古摺っているが、津波対策に気をとられて、この考えが不足のまま建屋を計画したのではないか。建築工事をするには、常に地山の状態を頭の中に描いていることが大切なのである。

4 等高線―高さを読む力が伽藍工事の決め手―

倒れにくい建物を造るには、水平、垂直が大切で、水平を測るための道具が古代にもあった。例えば長さ3ｍほどの厚い板に溝を穿って、ここに水を満たして、二点の水平高さをマーキングするのである。測量にはこれを用いて、水平に山地を造成することが可能だった。土砂運搬は人力に頼るしかないので、労働人数を減らすためには移動する土量を最低限に抑えただろう。

第十七図は、等高線と現流水路等から推測した自然流水の路を矢方向で示したものである。こうすると、若草の創建伽藍Ⓐは、建物が54・5ｍ～55・5ｍの南下がり平坦地に建てられたと解る。そして海抜56ｍ以北の境内敷地に薄色を、60ｍ以北に濃いシートを貼った。西院敷地Ⓑ部分は56ｍ以上であり、回廊で囲む聖域は59ｍの平地である。ここが天智九年罹災後に造成した伽藍地である。大講堂の建つ場所Ⓒは、更にきつい傾斜60ｍ～63ｍの山地を削り取って造成したであろう敷地である。斜面の山土を掘り崩して運搬する造成工事は、膨大な土量を移動せねばならず、後回しにされて、西院伽藍の建物がほぼ完成した頃に造成し終って、大講堂の移建は最後であったと考える。56ｍラインが現収蔵庫あたりで東へふくれているのは、ここへ運んだ土を地均ししたためかと推測する。

Ⓐ・当初の若草伽藍の敷地：海抜54・5ｍ～55・5ｍ（聖域の中心部54・5ｍ）

第十七図　境内配置図及び等高線図

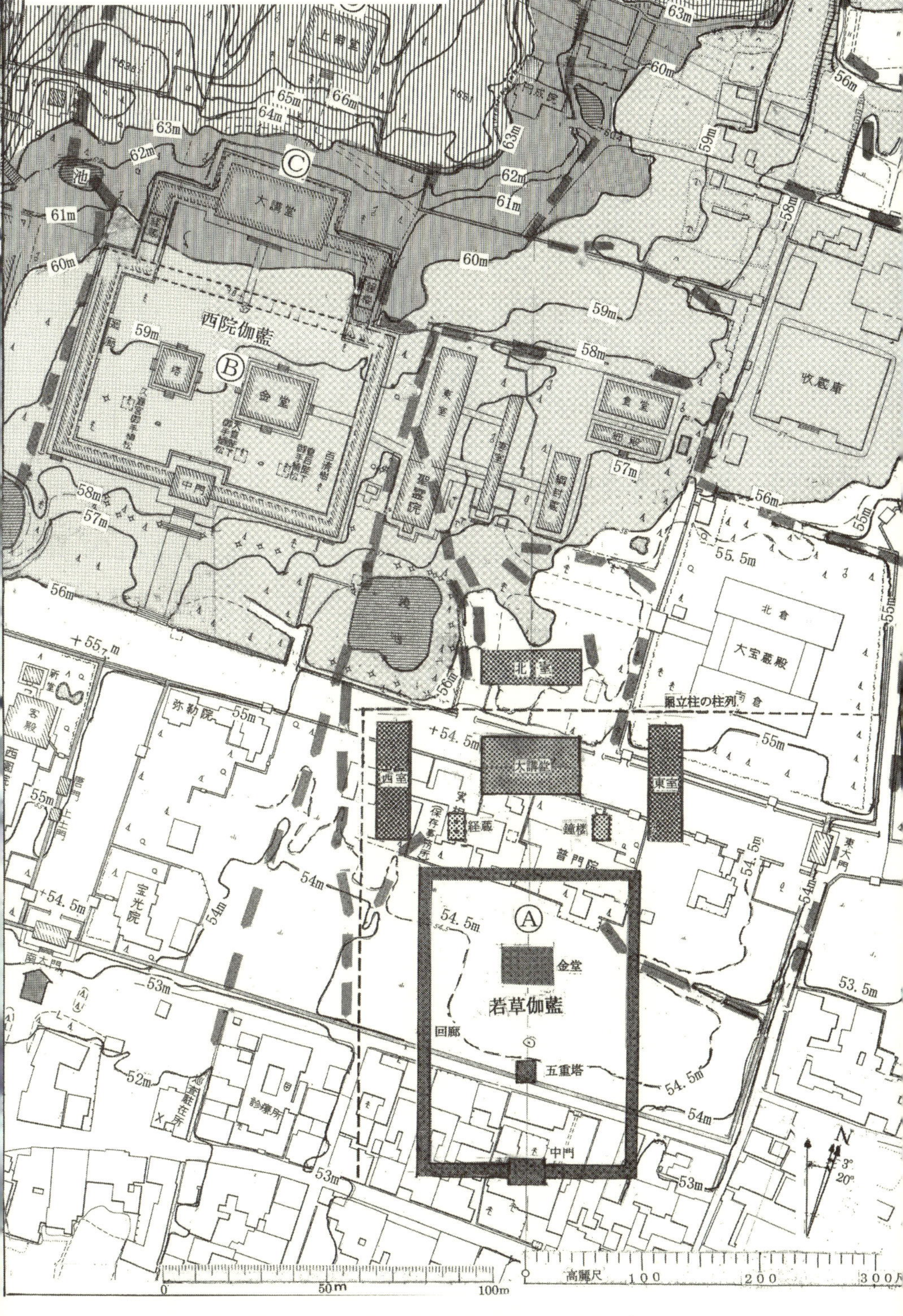

Ⓑ・次の西院伽藍の敷地：海抜56ｍ～60ｍ（聖域の中心部59ｍ）
Ⓒ・次の次大講堂建物周辺：海抜60ｍ～62ｍ（建物の中心部61・５ｍ）
Ⓓ上御堂の敷地・海抜66ｍ～68ｍ（建物の中心部66・５ｍ、平安時代建築）

大都市は大河のほとりに発達したといわれる。同様に、伽藍用地選びには生活用水の給排水が利便な地を選ぶ目利きが大切である。勿論我々が伽藍の歴史を論議するには、土地の高さ、水の流れを熟知しなければならない。

当時、法隆寺には大勢の僧侶が起居していた。炊事、食器洗い、洗濯、洗顔・入浴のためには、毎日水の大量供給が必要である。使った水を自然放流する川も不可欠である。飲み水は井戸を掘って汲めばよいとしても、生活水の大量供給と排水処理は、水流の絶えない谷川に頼るしかない。

東室僧房には、房ごとに室内から外（西側）へ瓦を上向きに溝状に並べた排水装置があった。即ち伽藍建築には広くて平らな敷地があって、しかも北からの給水路、南へ排水路があること、そのためには北に何時もきれいな水を貯えている池が存在して、池を起点にした給水路と、それ以降の排水施設を整えることが求められる。東室だけでなく西室も北室の僧房も同様である。

古代の寺院には、伏流水対策と、給排水設備が必要だった。これなしでは、建物が歪み始め、異臭がただよい、病原菌が蔓延することになる。この条件が満たされなければ、伽藍の永続は難しいのである。

法隆寺は火災後、創建伽藍を見限って移建すべしとの決断に、水対策の必要が大きく影響した筈である。

5 落雷被害考―いつどこに落雷しどのように燃えたのか―

法隆寺山内には度々落雷して被害が発生している。西に生駒山系と矢田丘陵の連なる地形は雷雲を生みやすい。その通り道が斑鳩の里ということになる。記録をたどってみる。

1 落雷により大講堂、北室等、焼失・延長三年（『別当記』）

2 五重塔　宝塔有雷震災之事　建長四年六月（『古今一陽集』）

3 西室は落雷で焼失し、現在の三経院及び西室は鎌倉時代に西へ移して建てた。

4 東室にも雷災関係の記事。忽東室菅神雷火之時无厄之也。（『古今一陽集』）

5 五重塔の三層柱が雷火で燃えたが、僧侶によって消し止められた。

6 記録で最大なのは、『日本書紀』の「法隆寺災ス一屋無余」である。

文献資料から、何度も落雷により火災が発生していることが解る。塔と金堂と中門には礎石に焼け痕がある。しかし、ほかの建物には焼け痕はない。五重塔の相輪に鎌があり、心柱に雷避けの護符があることから、塔に落雷したと考えるのが妥当だろう。建物に残る痕跡から、天智九年（又は八年）に、塔へ落雷して出火し、金堂中門へ延焼したと推測した。

では、何時落雷したのか。先ず『日本書紀』天智九年の落雷火災が正確であり信用してよいものか、確かめる必要がある。法隆寺の罹災記録は、手元に五つある。うち六六九年が二つ、六七〇年は三つである。

a　『日本書紀』天智八年（六六九）
b　『日本書紀』天智九年（六七〇）
c　『上宮聖徳太子伝補闕記』（六七〇）
d　『聖徳太子伝暦』は庚午年（六七〇）
e　『扶桑略記』巻五天智天皇八年（六六九）

a〜eの五つの記録のうちで、『日本書紀』天智九年の条だけが、「一屋も余すなし」と記しているのである。ねちっこく言えば、「一屋無余」と記すのは、『日本書紀』巻二十七の天智九年の条だけなのである。何故、ほかの四つは無視されているのだろうか。

『日本書紀』の火災記録は天智八年と天智九年の二年連続してある。そこで、

・斑鳩寺と法隆寺。呼び名が違うと報告者（語り部）が別人で、記録文書の取扱いも保管棚も違うのか。
・罹災は西暦六六九年十二月か西暦六七〇年四月か。或いは二年連続罹災か。

この二点について確かめてみた。

第十八図は京都府立総合資料館所蔵の筆書き資料のうち、天理図書館善本叢書和書和之部第6巻、『日本書紀』三をコピーしたものである。国史ともいえる『日本書紀』の記録が、実際に重複して記録されており、二つは内容も異なっている。他の三つの資料にはなぜ連続して記録されていないのか。本当に四カ月あとの連続災害ならば、龍神様の祟りと話題にされる大事件である。

第十八図　日本書紀の火災記録

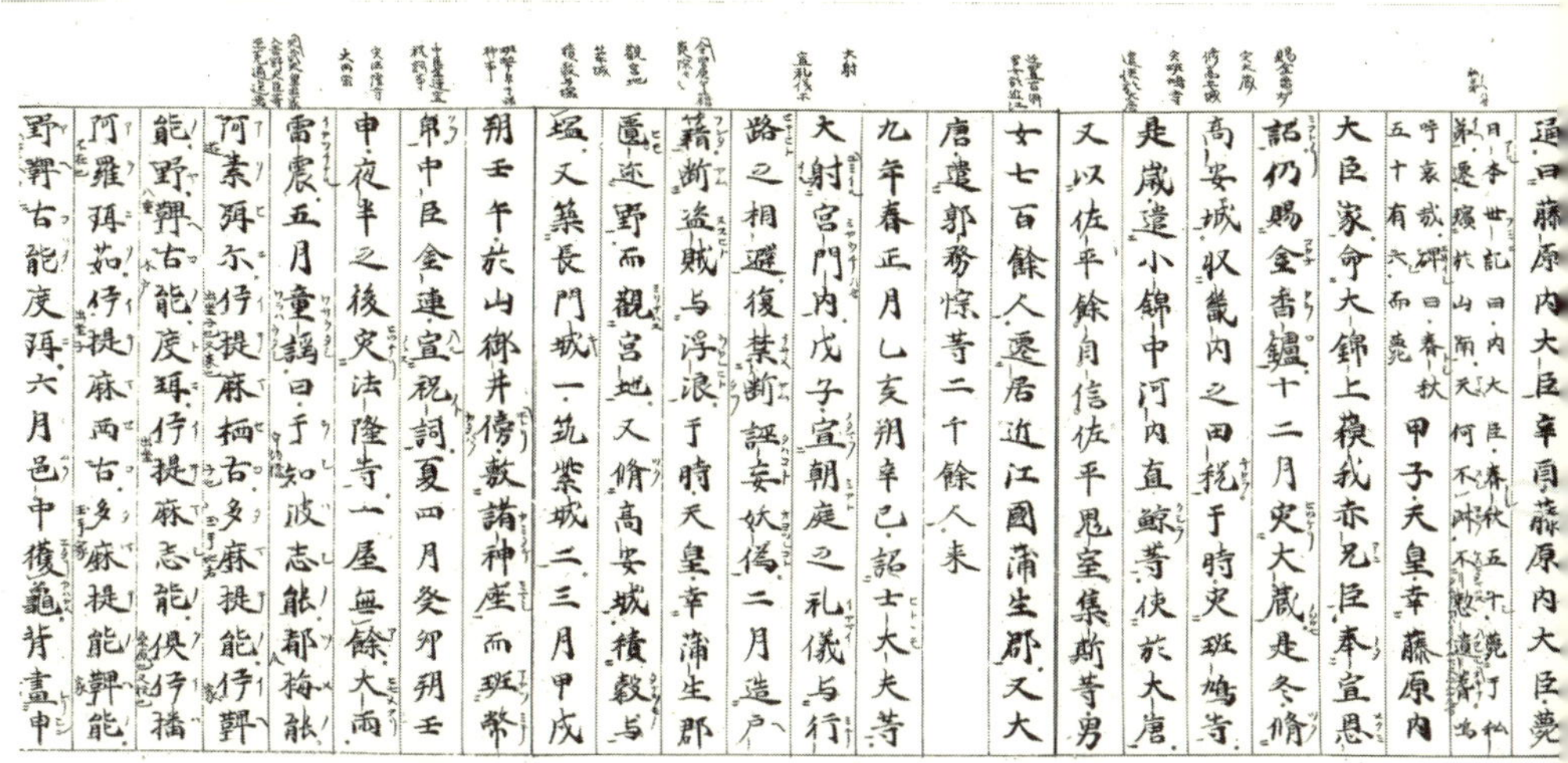
通曰藤原内大臣。辛酉、藤原内大臣薨。日本世記曰、内大臣、春秋五十、薨于私第。遷殯於山南。天何不淑、不憖遺耆。嗚呼哀哉。碑曰、春秋五十有六而薨。甲子、天皇幸藤原内大臣家、命大錦上蘇我赤兄臣、奉宣恩詔。仍賜金香鑪。十二月、災大藏。是冬、脩高安城、收畿内之田税。于時災斑鳩寺。是歳、遣小錦中河内直鯨等、使於大唐。又以佐平餘自信・佐平鬼室集斯等男女七百餘人、遷居近江國蒲生郡。又大唐遣郭務悰等二千餘人来。

九年春正月乙亥朔辛巳、詔士大夫等大射宮門内。戊子、宣朝庭之礼儀与行路之相避。復禁断誣妄妖偽。二月、造戸籍、断盗賊与浮浪。于時天皇幸蒲生郡匱迮野、而觀宮地。又脩高安城、積穀与塩。又築長門城一・筑紫城二。三月甲戌朔壬午、於山御井傍、敷諸神座、而班幣帛。中臣金連宣祝詞。夏四月癸卯朔壬申、夜半之後、災法隆寺。一屋無餘。大雨雷震。五月、童謡曰、于知波志能都梅能阿素弭尓、伊提麻栖古、多麻提能伊弭能野弊古能度珥、伊提麻志能、倶伊播阿羅珥茹、伊提麻西古、多麻提能弭能野弊古能度珥。六月、邑中獲亀、背書申

（十二月《しはす》）

（七）于時災（八）斑鳩寺。

時に斑鳩《いかるが》寺に災《ひつ》けり。

（九年の春正月）

夏四月、（二七）癸卯朔壬申、夜半之後、（二八）災（二三）法隆寺、（二二）一屋無餘。大雨雷震。

夏四月《うづき》、癸卯の朔《つきたち》にして壬申（三十日）、夜半之後《あけがた》、法隆寺に災《ひつ》き、一屋《ひとつのいへ》も餘《のこ》ること無かりき。大雨《ひさめ》ふり、雷震《いかづちな》る。

『日本書紀』が選上されたのは養老四年である。これは天智九年の落雷火災から五十年後、西院へ伽藍が移って十年後である。その養老四年の火事場址の状態を調べた。新伽藍は金堂も塔も中門もすべて5m高い西北200mにあって、しかも方位が変わり道路も川の流れも一変していた。語り部の見たであろう若草の創建法隆寺の跡地は、確かにひとつの建物もなくて、恐らく一面のお花畑になっていたのである。「一屋無余」の前に「今ハ」と書き忘れたのではないのか。

文献・銘文の知識が乏しい技術者は、文献解釈の議論に参加する資格がないといわれるかもしれない。集めた文献資料を列記するに止める。

法隆寺論争では、これまで天智九年の條の「一屋余無」を「一字一句間違いない」ものと認識しているようだが、それは迂闊ではないだろうか。本当に全焼したと信じていてよいのか、それとも伽藍の建物が一部分焼けただけなのか。この点を改めて確認し直すべきである。

落雷した時の被害についても考えてみる。

法隆寺東室、妻室を修理したあと、筆者は古社寺の調査・修復の現場を離れ、社寺新築に軸足を移した。基礎、鉄筋コンクリート、鉄、石、木材や内装、電気設備等の施工監理に携わることが多く、新築の現場では、物事を科学的に思考し、新しい工法開発につなげる姿勢が身に付いたようである。

比叡山横川中堂建設中のことだった。中堂は桃山時代に建てられた木造本堂だが、昭和十七年に落雷して焼失したままだった。ここは延暦寺のなかで「雷の巣」といわれて畏敬されている山あいの地である。積雪があり、凍結するので工事は春四月から十二月半ばまでしかできない。しかも比叡山当局から

「焼失前の国宝と同じ形状で、燃えない構造体を」と指示があり、国宝指定時の実測図を忠実に摸して、鉄骨を鉄筋コンクリートピースで包む工法を採用した。

ご本尊聖観世音菩薩像（重文、平安時代）は、特別のお厨子でお護りした。これは落雷して停電した時に備えて、煙を感知すると扉が自重で落下して、内部に炭酸ガスが充満する装置である。工事中に、しばしば雷雲に包まれたが、落雷被害を避ける避雷装置を特設して建物をガードした。

中堂の北に、行院《ぎょういん》を建築したときのことである。雷雨を避けて現場プレハブ事務所内に逃げ込んだそのとき、「バリバリーッ」の雷音とともに壁の電気コンセントから炎が噴き出てきた。雷鳴が間遠になるまで十分ほど、全員が身に付けた金属の小物を放り出し、部屋の真ん中に立ちすくんで避難していた。このような落雷現場の実体験をもとに、筆者は建物を雷災から護るテクニックを学んだ。

落雷とは、多量の電気を含んだ雲が低く降りてきて雲と地上との間に放電が起きることである。

落雷による放電部は高温になるので、発火点の低い紙や布木材は炎上する。しかし、高温度は一瞬のことであり、持続することはなく、発火した炎を消し、くすぶる煙のもとを削ぎ取れば終るのである。

雷雲は手近にある導線を伝わって含む電気を地球へドカンと放電してしまえば、それで終わり。新たな別の目標へ、例えば境内の別の建物、また隣家へと連続放電するほどの電気容量は蓄えていない。だから塔へ落雷して出火したら、その火事を消して、隣への延焼を防止すればよいのである。

木造建築の火災は、焚火《たきび》に似ている。丸太を組んでまわりに小枝と枯葉を配す。マッチの火は枯葉から小枝へと燃え移って広がるが、丸太はすぐには燃えない。燃えても炭化した部分を除いて空気を送らねば芯までは燃え進まない。お堂では、板や垂木は燃えても、出火初期に消火すれば、軸組木材が燃えて失せることはない。油火災のように、高熱の火がすべてを嘗め尽くすように一挙に燃えあがって広がる火事とは異なるのである。

太い柱桁梁の軸組、厚い土壁、本瓦を葺いた建物。しかも離れて建つ寺院の建築物から建築物へは延焼しにくく、別の建物へ次々と飛び火することは少ないのである。それゆえ、３００ｍ四方に点在する法隆寺堂宇すべてが全焼することはあり得ないのである。「全焼して消滅した」、この主張は科学的に考えて本当かどうか、疑問が多いのである。

Ⅳ　年輪年代法—材木の年輪は一年ごとに巾が違う—

奈良国立文化財研究所によって年輪年代法という優れた科学的手法が開発された。樹木は気候変化に比例して成育し、一年ごとに年輪の巾が異なる。その変化パターンを連続して記録しておいて、古材の年輪巾がどこと合致するか確かめ、いつ伐採された木材か、正確に確定できるのである。

そこで法隆寺五重塔の檜心柱の年輪を調べたところ、一番外側の年輪は五九四年と解った。木材を建材として使う場合には、腐り易い白太の部分は取り除く。檜材で樹皮の内側にある白太の年輪数は諸説あるが、建築技術者の一般的常識では数年〜十年とする。常識的な檜の白太の数年分を加えて、西暦六〇〇年ころ伐採された心材と判断できる。また、話題を呼んだのは、金堂本尊釈迦三尊像の天蓋に使われている木材は、六〇六年に伐採されたものと解ったことである。これはまさに若草に聳えた創建法隆寺の釈迦三尊像の天蓋であったとしてよい年輪である。

しかし年輪年代法で裏付けられた、塔心柱伐採六〇〇年頃は、『日本書紀』にある「法隆寺は天智九年（六七〇）に火災で一棟残らず焼失した」より七十年も早いのである。再建論も二寺併存説も、和銅年間に五重塔・中門が新築されたとする。すると計算式が合わない。

この長いタイムラグの間、どこかに大切に保管されていたのか。折角手に入れた得難い大樹を数十年も放置するだろうか。この檜材には七十年の白太があったためこれを削り取ったとの見解もあるが、日本近畿地方の檜でそのようなことがあるだろうか。筆者は木曽の檜、吉野の檜、九州、四国のものも扱うことがあるが、七十年の白太は疑問である。

続いて、これ以外の年輪年代法に関する技術データを二〇〇四年七月十六日の朝日新聞記事から転記する。奈良国立文化財研究所が年輪年代法により法隆寺の古材を調べ、塔の天井板は六七三年、金堂の天井板は六六七年、六六八年、中門天井板六六九年に伐採された、と報じたものである。

金　堂　天井板2点：六六七～六六八と六六八～六六九、雲肘木3点：六七〇以前

五重塔　天井板：六七三、心柱：五九四、

中　門　天井板：六六九

金堂天井板の六六七～六六九年に、白太（たとえば八年）を削り取った年輪数を加算すると六七五～六七七年であり、天智九年（六七〇）の火災後に伐採した木材であると計算出来て、辻褄が合う。

絵師が描いていた金堂天井板は何時伐採されたものか、これも年輪によって知ることが出来た。金堂と五重塔の天井板はほぼ同時期に伐採したと思われ、伐採した材木を格縁や板にして充分乾燥させていた。

第十九図は、五重塔の内陣の天井格縁に、絵師が筆均しに描いた「六月肺出」の落書きである。肺は彗星のこと。『日本書紀』の天武十三年（六八四）の条に、ハレー彗星が長い尾を引いて夜空に現れた記

第十九図　天井の絵師落書き

録を見付けた。落書きは、この時金堂の天井板に宝相華の装飾絵を描いていた絵師らが、五重塔に取り掛かっていたことを示す証拠といえよう。

この流れを整理すると次のようになる。

①天智九年又は同八年に落雷（『日本書記』）したが心柱は無事であった。（六六九ｏｒ六七〇）

②天井格縁と板は焼損した故、伐採し新材に取換（白太八年加）。（六七三＋八＝六八一）

③山から運び出して、充分乾燥する期間をとった。（六八一〜六八三）

④天井廻縁と板を加工して取付け天井絵を描く。絵師彗星落書き（六八四）

金堂と五重塔の内装、塗装工事、荘厳仕上げ工事。（六八五〜六九二）

⑤仁王会のための天蓋等が取り付けられた。（六九三）

⑥須弥山と塑像が施入された。（七一一）

とすれば、建築工事の工程としては順当なものである。

年輪年代法と建築の現場工程のからみ具合を、お解りいただけるだろうか。

V　視野を拡げ科学的な考察を

1　玉虫厨子は法隆寺建築の模型

我が国に仏教が伝来したとき、経典や僧侶とともに、仏堂を建設する造寺工、露盤工、瓦工、画工が渡来して、お堂の模型も持ち込まれた。とすれば玉虫厨子は法隆寺を建てるためのひな型、法隆寺堂宇の模型でないか。そう思えるのである。

玉虫厨子は造寺のためのお手本であり、金堂の屋根、軒を支える雲形肘木や垂木などを製作する説明模型であろう。そして塔と中門も同じ手法で造られたと思われる。

当時の日本の建物は掘立柱、茅葺き屋根で、家を造る工人らには木を組む知識が乏しい。渡来した造寺工は言葉もよく通じないし、ひな形を示して説明しなければ、初めての寺院築造など手に負えるものでない。玉虫厨子の屋根の形と大棟の鴟尾、垂木、雲形肘木。これを注視すれば、技術者の誰もがこの「玉虫厨子は建築模型」説に賛成されるのではないか。創建法隆寺の金堂の屋根は、玉虫厨子の如く丸

第二十図　玉虫厨子

第二十一図　金堂と五重塔の雲形肘木

金堂

五重塔

垂木を使った直線的な形状であり、鴟尾で飾られた「しころ葺」の屋根であった。

法隆寺では金堂からも大講堂からも鴟尾片が発掘されている。金堂にも大講堂の北西にも破損した鴟尾が埋められていた。これが金堂・大講堂の大屋根の西を飾っていたであろうに違いない。一寸専門的になるが、玉虫厨子の垂木が反り上がった丸垂木であること、しかも四隅が扇状に拡がって配されていることに注意すべきである。東室の丸垂木は、もと金堂か塔の垂木でなかろうかとも思えるのである。

西暦七〇〇年に入って釘が普及して、垂木を釘止めすることで曲面屋根を造ることが可能となったと考える。塔の解体修理中に発見された軒先の古い茅負《かやおい》（垂木上の横木）の反り上り曲線を1／20にすると、玉虫厨子の茅負原寸と一致した、と記録されている。これは、厨子が建築模型である確たる証拠である。大きい建築であるほど、例えばオリンピックスタジアムにしても、事前説明には模型が必要なのである。

なお、玉虫厨子の宮殿下方の台座は、金堂内の飛鳥仏の台座と酷似していることも見逃すことができない。飢えた虎に我が身を与える図は、仏教の教えそのものなのだろう。玉虫厨子は、単なる美術工芸品ではなく、建築模型であり、仏の心を絵で説くものなのである。

2 『法隆寺資財帳』を重視する

これまで、法隆寺の創建伽藍は、天智九年の火災によってすべての建物が焼失したとして、『法隆寺資財帳』に全焼記録がないのはおかしい、何かの間違いとされてきた。そして現存する国宝薬師如来像、釈迦三尊像などの飛鳥の仏像、玉虫厨子等の美術工芸品及び本尊台座・天蓋等は、幸いにも火難を逃れて搬出されたのだと思われてきた。

しかし、法隆寺は全焼したのではない、と一つ釦をかけ直せば、そうした疑問は一気に解決する。つまり、それらの仏像や工芸品、台座等は、火災に遭った後、西院伽藍へ移転の際に修復が終わっていた。だから仏像、美術工芸品等は無事だったのである。すると、『法隆寺資財帳』こそ、そうした真実を知らせるものであったことに気付かされる。

『法隆寺資財帳』に大講堂が記載されていないことから、すべての学者が、大講堂はまだ造られていなかったと信じておられた。しかし大きい僧房が四棟もあって、学ぶ僧と沙弥が二百六十三人もいるのに、肝心の大講堂がまだ造られていない筈はない。筆者は建築技術者として、これはおかしいぞ、と疑問に思ってきた。

このたび本書を書くに当たって、この頃は地震活動期にあったことに気付き、昭和十一年の修理記録を探した。報告書には土間に残る礎石の据え替え及び壺堀穴は、克明に実測して記録に残されたが、結局、解決出来ない謎とされていた。大講堂は身舎の柱間が10・4mもあり、重い本瓦を葺き、大棟の東西に鴟尾を飾る大建築で、揺さぶられて傾いたであろう。礎石を据え替えて柱間を狭くする大改築の最中であれば、建物として姿はなく、『法隆寺資財帳』には記されなかったのである。これが科学的思考である。壺堀穴にあった古銭については、発見時の状況により、いかようにも解釈できるであろう。『法隆寺資財帳』から、他寺と比較することで、もう一つの事実を掴むことができる。

法隆寺と同じく聖徳太子を開基と伝える南都七大寺の一つ大安寺が、同じ天平十九年（七四七）に『大安寺資財帳』を提出しているので比較してみよう。

法隆寺資財帳

資材　金　一両一分
　　銀銭　一〇七文
建物　金堂　一口
　　講堂（記録なし）
　　食堂　一口
僧＋沙弥　二六三人

大安寺資財帳

資材　練金　四五〇両　生金九両　沙金他六一両　金銭三七五〇枚
　　銀銭　九四九両三分　銀墨二分　銀銭三二〇枚
建物　金堂　一口
　　講堂　一口
　　食堂　一口
僧＋沙弥　八八七人

大安寺は金堂、講堂、食堂があり、僧＋沙弥の数は三倍強、金と銀の保有量には格段の差がある。法隆学問寺の大略の経営状況は、建築費用が底をついてきたらしいと読むことができる。

法隆寺は、立派な西院伽藍の竣成に金銀を注ぎ込んだあと、当分は資金不如意で、地震で傷んだ大講堂の礎石を据え替えての改造工事ははかどらないと想像することができる。仏像仏具も破損して補充修理のためか、水銀は多く蓄えてある。僧房数を計算して学僧の人数で割ると、一房当たり八人ほど。他寺より狭いところで頑張っておられたようだ。

3 釦の掛け違いを直す

これまであるすべての著作は、『日本書紀』の天智九年落雷して全焼したとの記録を唯一絶対の正しい事実としてきたが、これが正確かどうか、実は怪しい。法隆寺の災害記録は五つある。そのうち全焼したとの記録は一つだけで、ほかの四つは「災ス」と記すのみである。『日本書紀』には全焼したとする記録の四ケ月前、天智八年にも「災ス」の記録があり、これが正しいかもしれないのである。建物に残る痕跡を調べると、天智九年全焼とするには矛盾が多すぎるのである。

この五つの記録（釦穴と呼ぶ）のうちで、再建論に有利で、まず先に目に入った「一屋余無」の記録穴に釦を嵌め込んだまま、窮屈な思いをしてきた。これを別の穴に入れ替え、例えば『日本書紀』にある四か月前の釦穴にしてみたら、法隆寺の謎はほとんど消えてしまうのである。矛盾を生む大きな原因が見えている。法隆寺謎30を解くためのヒント、それは「釦を掛け直す」である。謎は消えて、すっきりとした頭で寺の歴史の謎を解くことができる。

最初の釦穴を間違えたことから、我が国の優れた学者が再建論、二寺併存説と二手に分かれて論議をたたかわしてきた。これからは、創建伽藍は罹災したあと和銅年間に若草から西院へ移建されたとして、更なる考察を進めて頂けることを期待する。

繰り返すが、法隆寺30の謎は、釦の掛け違いを直すことによって全て解消する。更に、若草伽藍を捨てた理由、金堂と塔が横並びにされた理由、高麗尺と唐尺が混在する理由についても、これまでにない考察の展開が期待できるのである。

文献の文字解釈を重んじて考えを進めるのはもちろん大切である。しかし文献資料は数少ないものであり、これにほかの技術資料を交えて科学的に吟味し、全体を冷静に論理的に考えることが必要だと思うのである。二十一世紀は科学の時代であり、建築と建築歴史そして美術品と美術史、文化文明すべてが、科学的思考によってたゆまず確実に進歩している。浅野清、竹島卓一両博士ほか多くの先学者の研究成果バトンを受け継いで、科学的判断資料を新たに加えて三章へと進む。

第三章

移建論の幡《はた》

Ⅰ　法隆寺の謎30を解くマスターキー

謎30と歴史絵が示唆するもの

若草の創建伽藍が焼けた跡からは、礎石も木材も発掘されていない。そして西院伽藍の主要建物の礎石や木材は古材と新材を混ぜて建てたものである。言い換えれば、若草伽藍址から焼けた壁画と瓦以外に建材は出土せず、西院の堂塔は再使用した建材が多い。この事実は、これまで誰も考えたことも口にしたこともない法隆寺歴史の真実を示唆するのである。

その真実とは、「若草伽藍の堂塔は全焼したのではない」ということである。そして、「創建伽藍の材を再び使用して西院伽藍が建てられた」ということである。落雷火災で被害をうけた屋根と室内の天井板や壁等は補足修復し、薬師如来像、釈迦三尊像はじめ飛鳥の仏像の大半は無事であったが、焼損した仏像仏具荘厳具は移建時に新しく整えられた。敷地を造成して建物を移建したのは、和銅年間（七〇八～七一五）の間であり、作る或いは造立と記されたのである。このような創建堂宇が経てきた経緯（真実）を詳しく知るために、いろいろな角度から眺めた状況をピースとして歴史絵に嵌め込む形の、新しい手法で考察を進めたい。

斑鳩の里を空から観ると、若草伽藍と西院伽藍とは高さが５ｍも違い、伽藍の方位は17度の違いがあり、さらに建物の配置も流水路も異なっていることがわかる。即ち西暦六〇〇年代と七〇〇年代とでは、歴史舞台の方位も高さも、社会情勢も違うのである。

古代の建築工法から見るとどうか。西暦６００年代、社会情勢は著しく乱れており、多額な工事費用の一寄進は望めず、新築ではなく経済的負担が少ない移建こそ望ましい。また移建は工期短縮にもメリットが大きく、一般的に行われる常套手法であった。東室は古材を再使用して建ててあり、金堂や五重塔・中門においても、継手仕口を組み合わせて固める工法で、釘をほとんど使用しないため、解体して移築するのは難しいことではなかった。塔の心柱も四天柱の痕跡も、古い材を再使用したことを示しており、礎石は全て再用したものである。

火災について考えてみよう。現代建築の延焼理論（火災建物から隣の建物へどのように燃え移るものか）や燃え代理論（建物の構造材が火に包まれても、表面から３㎝以上深くへ燃え進まない）によって、屋根と軒回り、天井材は焼損して崩落しても、構造材が全て破壊されることはないことがわかっている。法隆寺の場合、雷雲は大雨を伴っており、建物も地面もしっかり濡れていた。『法隆寺資財帳』には僧房と二百数十人の学僧が記録されている。落雷して火災となれば、当然それらの学僧全員が消火に奮闘したことであろう。

第二十二図　金堂壁画模写中に焼損した柱と壁画

落雷被害についての研究も進み、同じ地域に何度も連続して落雷する例はないことが解っている。そして、五重塔の心柱に雷避けの大鎌が取り付けられ、心柱や軒に大量の護符があることは、塔に再度落雷しないためのまじないである。解体修理時の礎石の焼損具合の調査報告を検討すると、塔の火災が金堂と中門へ燃え移ったことを示していることがわかる。

建材に残る古い痕跡は、痕跡発生の前後関係を知らせている。移建する時にどのような修復がされたか。塔の内陣はこれまでの彩色絵を隠して須弥山と塑像が新しく作られた。仁王会のための天蓋は六九三年に、そして中門の金剛力士像は七一一年に施入された。金堂の飛鳥仏は無事であったが、天井は新材で造り替えて、天蓋と台座は古材を用いて修復された。

金堂の壁は移建の時に造り替えたか大きく取り

外して壁画が描かれた。年輪年代法によって、天井板や軒回りの材は年輪から六七〇年ころ伐採されたことが解った。天井絵を描いた絵師の肺出の落書きは六八四年。これらは時の系列が合っている。

法隆寺の堂塔が元の位置に建て直されず、移建されたのは何故だろうか。それは若草伽藍の金堂と塔の基壇が土を搗き固めて築いたものであり、五十年も経てば、伏流水に足元を洗われて礎石が不同沈下し始め、傾いていたことと、多発する地震によって、屋根や壁などの各所が破損して被害が進んでいたためであろう。雷災の復興を機として、新伽藍は硬い地盤の西院へ移すことにしたのは当然といえる状況にあったのである。

第一章に取り上げた30の謎の痕跡は、昭和十一年以来続いた解体修理によって発見され、未解決痕跡として公的に記録されている事実である。この証拠を中心に、二章はこれに新建築の理論、技術データを加えて科学的に考察したものである。30の謎は「移建」というマスターキーによって、全て解明されるのである。創建法隆寺和銅移建論は既知の文献を再吟味し、古材に残る30の技術資料、当時の社会情勢、建設技術、現代の建築理論をコラボして考察した成果なのである。

Ⅱ　創建法隆寺は罹災したあと移建された

1　法隆寺和銅移建論

それでは法隆寺和銅移建論の概要を記す。

法隆寺の創建伽藍は、若草の地に西暦六〇七年ごろ建設された五重塔と金堂が南北に並ぶ四天王寺式の伽藍である。しかし、国史ともされる『日本書紀』に、落雷のため天智九年「一屋残らず焼けた」と記されており、現在の西院伽藍はそののち和銅年間（七〇八〜七一五）に再建したものとされてきた。これに対し、金堂は飛鳥時代から西院伽藍に建っていて焼けることなく現存し、五重塔、中門、回廊は和銅年間に金堂を摸して新築されたとする二寺併存説もあり、決着がついていない。

本当に創建伽藍は全焼したのか調べてみると、『日本書紀』は火災から五十年も後に編纂されたものであり、しかも四か月前にも火災の記録があって、これには「災ス」として全焼したとは記してないとわかった。ほかにも三つ、「災ス」とする古記録があるが、どれも全焼とは記していないのである。法隆寺は『日本書紀』選上の二十七年後、『法隆寺資財帳』に寺の縁起と資産を記して役所へ提出しているが、この公的な書類には伽藍焼失のことなど一文字も記されていない。

堂塔を解体修理した時の記録を現代建築の科学的手法によって再検討すると、塔に落雷して出火し、金堂、中門に燃え移ったが、焼け焦げたのは屋根と軒回り及び室内の天井壁であり、軸組の構造材が燃えて崩落することはなかったらしいことを突き止めた。即ちこれは創建金堂、五重塔、中門、回廊は全焼したのでなく、焼損部を補って西院へ移建したのである。その根拠が次の十項目である。

1 『法隆寺資財帳』に堂塔全焼失は記されていないこと。
2 若草伽藍址からは礎石も材木も出土せず、西院の堂塔には再用材があること。
3 東室は和銅年間に古材を寄せ集めて建てた、西院伽藍の僧房であること。
4 金堂、五重塔、中門の礎石は、火に遭ったらしい傷をもつ再使用材であること。
5 金堂壁画の下地材は、朱塗り材を割って使われていること。
6 塔の心柱は五九四年に伐採されたこと。(年輪年代法による)
7 塔の四天柱はもと朱色に塗って、幕絵を描いた柱の再用であること。
8 本尊の台座に古扉枠が使われ、六二一年の墨書があること。
9 本尊の天蓋板は六〇七年に伐採されたこと。(若草伽藍の創建と同年)
10 科学的な現代の延焼理論、燃え代理論により、全焼は疑わしいこと。

移建論であれば30の謎の痕跡は説明することができ、謎は解決する。しかし再建論と二寺併存説では理論的に説明することはできない。

すなわち、火災後に西北の山地を造成して、西院伽藍へ使用可能な資材を順次運んで再び使い、焼損材は新材にて補充したのであり、創建伽藍とほぼ同じ広さであるが、後方に山地が迫り、奥行きよりも横巾が長い敷地であるために、金堂と塔は東西に配置されたのである。そして金堂、次に塔、中門、回廊と移建されて、新伽藍が造営され、周辺道路も川も造り変えられて、若草伽藍の址は平らに整地された。

『七大寺年表』と『伊呂波字類抄』に「和銅年間作法隆寺」とあり、西院伽藍が完成したのは西暦七〇八~七一五のことであった。

2 創建法隆寺はこのような伽藍

創建法隆寺は、どのような伽藍であったか。これは若草伽藍祉の発掘調査によって、金堂と五重塔の基壇が南北に並ぶ四天王寺と同様な伽藍配置であったことが明らかになっている。金堂と塔を中門と回廊が囲む聖域の北に、学問所として大講堂が建ち、経蔵、鐘楼、そして僧房が東西北の三面に建っていたことは、敷地の等高線と、掘立柱の柵列や谷川の位置等により推定できる。東と北には政所や蔵、大衆院殿等が並んでいた筈である。

第二十三図として創建法隆寺伽藍配置図を作成してみた。金堂、塔、中門、回廊は実線で描いて柱を

黒塗りし、推定建物は点線で描いて網掛けした。現在の若草伽藍址の地面は、等高線で読むと、海抜54・5ｍの平坦な敷地であり、大衆院殿等は海抜55・0ｍであり50㎝ほど高くなる。谷川を埋めるために削り取られたので、当時は20㎝くらい高かったかもしれない。

これまでの発掘調査では「金堂と塔が南北に並び、金堂の基壇は四天王寺金堂より幾分小さかった」くらいしか解らないため、文字で表現はできても、伽藍全体の復元図などは出来ないことだった。移建論が確実となれば、伽藍建物の配置については更に詳しく復元が可能である。創建伽藍は、現在の西院伽藍の金堂、五重塔、中門を、同じ大きさで17度回して描けば復元図としてよいことになる。この考えで、創建法隆寺伽藍配置図を作成した。

伽藍の中心軸は真北でなく磁北よりも20度西向きであり、建物の大きさは高麗尺で表した（付記4参照）。回廊の柱間はスパン10・5高麗尺（約3・72ｍ）であり、桁行柱間もこれと同じである。ただしこの高麗尺正方形が幾つ連続していたかはわからず、発掘して全体の桁の間数を示す資料を探すしかない。敷地の都合で西院へ移建した際に、柱間が一つ減ったとして、聖域は東西18柱間、南北24柱間、即ち回廊は4：3の矩形として作図した。

金堂と塔を結ぶ伽藍中心線から55ｍ西には南下する大きい谷川があり（発掘調査による）、伽藍の北北西は海抜56ｍ～60ｍと段違いに高い山地であり、灌木が生える傾斜地であったようである。

中門、鐘楼、鼓楼は現西院と同じとした。大講堂は第四章にて考察することとする。三面僧房の梁間は現東室と同寸としたが、桁行の長さも正確な位置も不明である。また、蔵、大衆屋等は、位置も棟数

第二十三図　創建法隆寺伽藍配置図

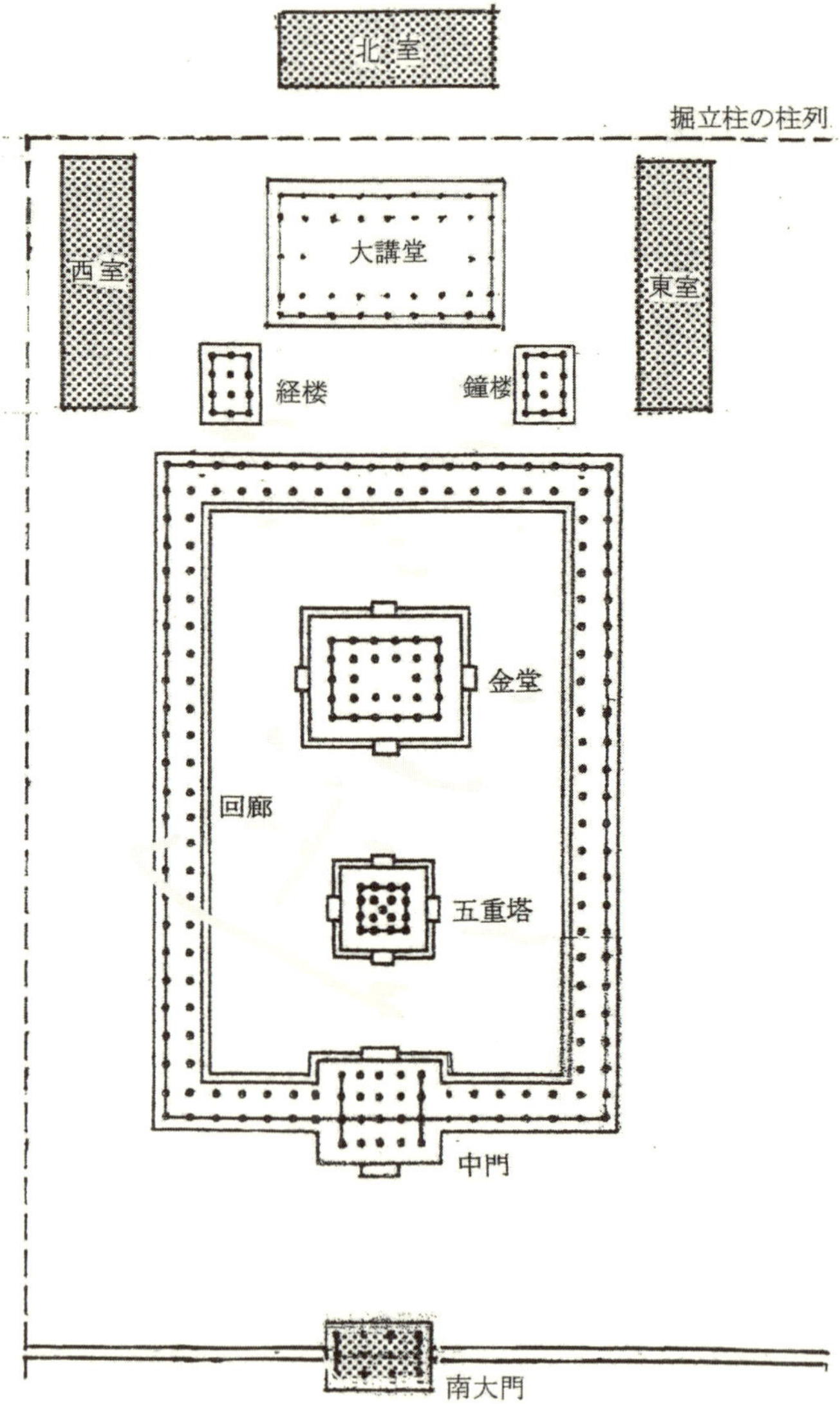

も大きさもわからず、今後の発掘調査を待つほかない。南大門については、現東大門としてよいのか、資料がないので、『法隆寺資財帳』記載の仏門の大きさを採用した。

飛鳥時代に聳えた、聖徳太子が経を講じた創建法隆学問寺はこのような伽藍であった。いま移建論によって、一四〇〇年前の、金堂、五重塔、中門、回廊、大講堂の配置と大きさ、更には柱の数も作図することが可能である。創建金堂と塔には裳階があったと推定したが、これは金堂裳階の礎石に再加工した痕跡があるとの修理時の見解によるものである。

若草伽藍の屋根は玉虫厨子がお手本であり、出土した単弁瓦、古式銀杏模様瓦を葺き、鴟尾で飾られていた。これらをもとにして主要堂塔即ち金堂・塔を囲む聖域と学問所について、我が国最古、西暦607年の伽藍配置図を作成した。北と西の掘立柱列は、間隔が不揃い故、移建中の仮塀と考えた。

3　創建法隆寺の火災を再現してみた

『日本書紀』に、「大雨ふり雷震《かみなりな》る」とあることは何度も繰り返して述べてきた。では、どこに落雷して、どのように燃えたのだろうか。後述するA～Gの事実から答が拾えそうである。

五重塔の礎石について、竹島博士は「どうしても火に遭ったとしか思われない肌の荒れ方だった」（『諸問題』126頁）と記している。塔の礎石は、若草から運んできて、ひとつひとつ、火傷の部分を斫《へつ》り取りながらよく調べて据付けた筈である。石工が、見苦しい部分は斫り取ったけれども、全てきれいに除けば柱が低くなってしまう。多少の火傷は残ったままで良しとしたか、別のもので覆い隠すことにした。このような事情が読み取れる。金堂と五重塔と中門の三棟のうち、特に塔の礎石について、竹島博士は火災に遭ったと断定したに近い表現を公表している。焼け痕補修の乱れがそれほど甚だしかったのである。

A　五重塔の礎石は、火に遭った肌荒れが多いこと。

B　五重塔の相輪に雷避けの四つの鎌があること。

C　塔の心柱に、異様に多数の雷避け護符があること。（このまがまがしい魔除けの存在は、二度と落雷しないを願う雷災害封じである）

D　須弥山を外すと、四天柱には古い塗装と幕絵が隠されて残っていたこと。

E　初層の被害が大きく、風雨に長期間晒されていたため側柱に風蝕が生じていたこと。

F　建長四年（一二五一）塔に落雷して出火。宗徒が駆け上がって消した記録があること。

G　塔、金堂、中門以外には、焼けた痕跡をもつ礎石はないこと。

以上は五重塔に落雷して出火し被災したとする根拠であり、特に相輪の大鎌と心柱の護符は、法隆寺以外に例のないものである。金堂と中門の礎石に焼け傷があることから、塔の火災が両隣へ燃え移った様子が窺える。

以下は想像したシーンである。

五重塔の高い相輪に雷が落ち、心柱を伝わって下へ走り、塔の初重内部が燃えだした。内陣の天井が

第二十四図　五重塔相輪の鎌

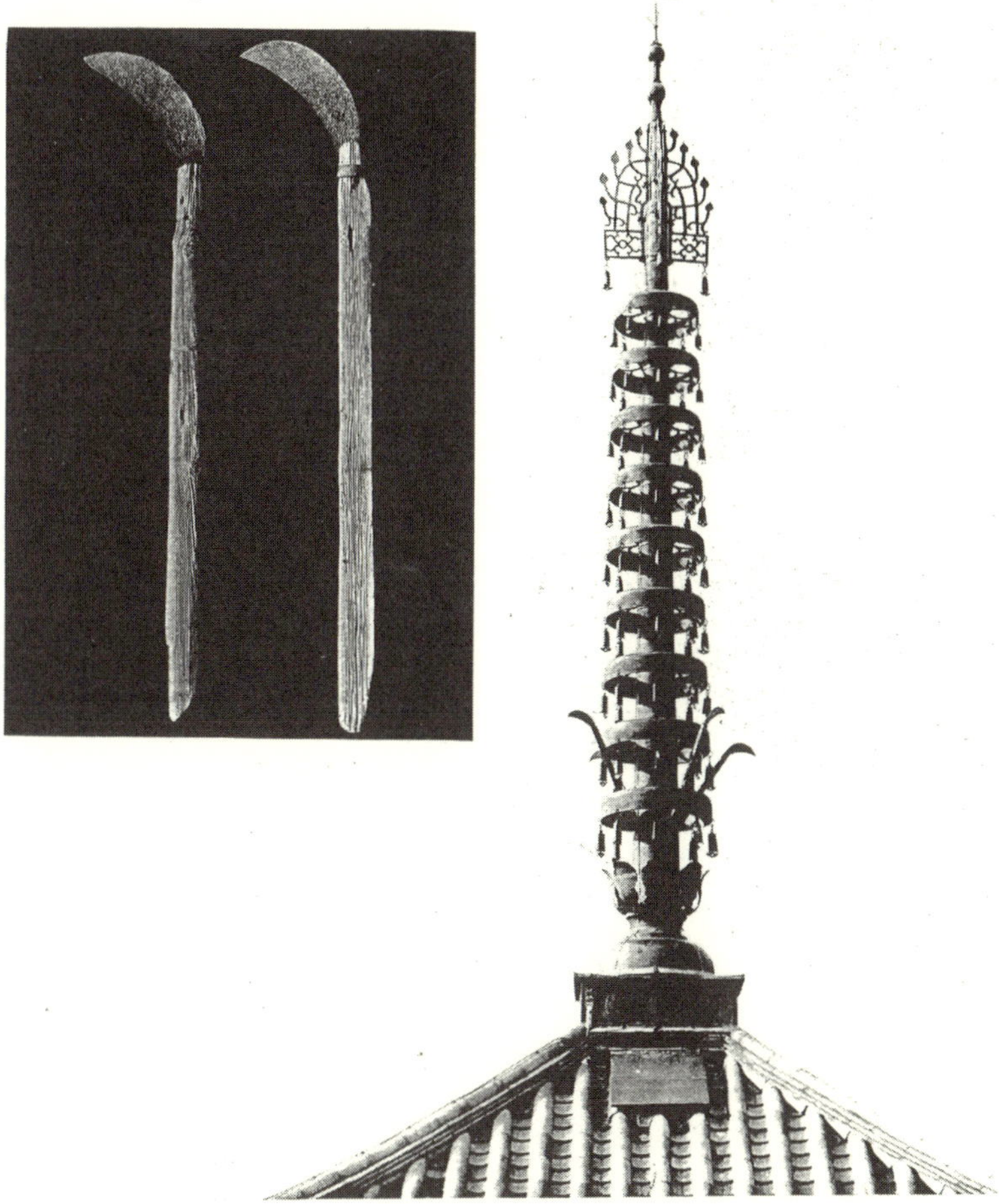

燃え、軒の垂木と裏板が燃え始め、火焔は上層へ燃え上がった。垂木と茅負、裏板など火のついた木材が次々と落下し、北の金堂と、南の中門へ火が移って、炎が上がり始めた。金堂と塔の裳階には板で葺いた屋根があり、ここに落ちた火はすぐ燃え上がり、室内へ回って天井板も壁も焼損した（発掘時に焼けた壁画出土、新補天井板年輪六六七〜六七三）。金堂内陣の本尊仏と仏具荘厳具も危険にさらされた（台座の補修痕）。

中門の屋根も塔に近い北側から黒煙がのぼり、炎が上がり始めた。塔から離れている回廊に被害はなく、回廊外の大講堂や東室、西室は無事であった（焼けた痕跡は全くない）。火災のあとどのように諸建物の移建が実行されたであろうか、次項で考えてみる。

4　移建はどのように実施されたか

文献・銘の資料と、技術資料とを合わせて、移建が実施されたであろう工程を推定してみた（第二十五図）。

火災発生（六六九 or 六七〇）の年に移建準備を始めて、仁王会のために金堂の天蓋が施納された持統七年（六九三）には、主要堂塔の移建が完成していた。落慶儀式は、工程表では和銅年間（七〇八〜七一五）として、聖域主要部の敷地を造成するのに5年、建物の移建に30年を要したとした。

当時、日本列島は地震活動期であり、地震、旱魃と飢饉、遷都また遷都。このようにすさんだ社会状勢にあって、寺への寄進は潤沢でなく、復興資金の蓄えも充分ではなかった筈である（第二章Ｖ２「『法隆寺資財帳』を重視する」参照）。政情は不安定で、工事用資材の入手も、工人の確保も思うようにならず、工事はスローなテンポでしか進まなかったとして、各建物平均して五年の工事期間と推測した。

工程表は太い実線にて、各堂宇はいつ建てられいつまで存在したかを示し、工事を施工する期間を五年として、先端に網掛けして表示した。

図面の中央に、左から右へと西暦年号を記した。創建伽藍の建物はこの西暦年号ラインよりも上部の太い実線、下方へ矢印↓で移って、西院伽藍の建物を下部の太実線にて示した。建築に着手する前に敷地を造成したであろう期間を、細い平行縦線で表している。

この横棒建築工程欄の上と下に資料欄を設けて、上段はこれまで周知の文献・銘の文字資料を、下段は30の技術データーQと年輪年代資料とを、時系列に並べた。

移建の順番などは仮定したものである。根拠に乏しいけれど経蔵、鐘楼、僧房と南大門、大衆院殿は、合わせて五年の移建工程として表示した。

金堂と塔の移建が完了したのは、「肺出」の落書きから一年後、天武十三年（六八四）頃と推測した。天井足場を取り外したあと、金堂の壁画、塔の須弥山、塑像製作に着手。壁画の痛みが少ない壁はそのまま外して新しい堂に再用したかも知れない。最後に仏像、仏具荘厳具を納めるまでには、長期間を要した筈である。『法隆寺資財帳』に拠れば、塔の塑像、中門金剛力士像が施納されたのは、和銅四年（七一一）のことである。僧房、蔵、大衆院殿等も順次に解体して移建されたが、敷地に制約されて、大

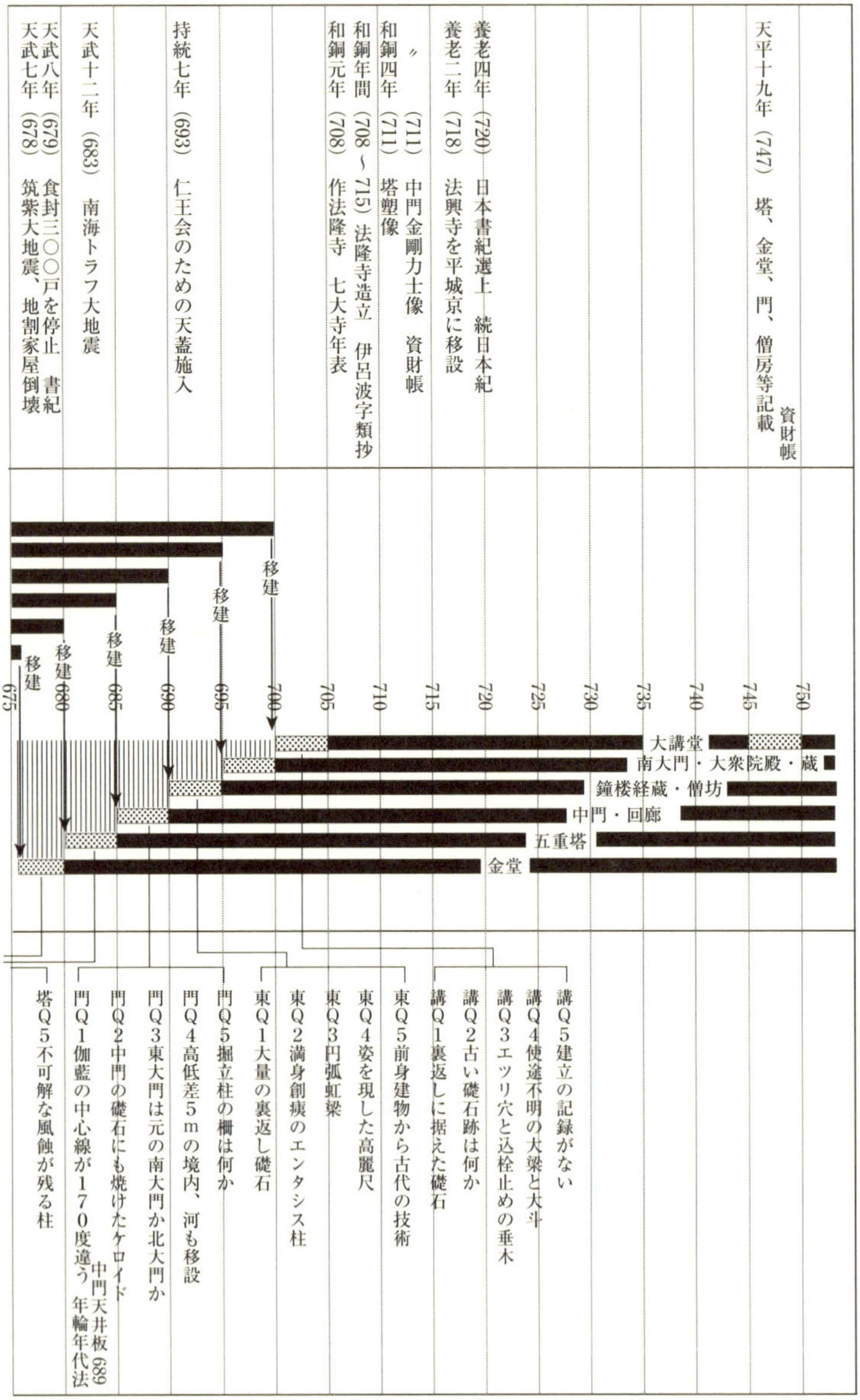

天平十九年（747）塔、金堂、門、僧房等記載 資財帳
養老四年（720）日本書紀選上 続日本紀
養老二年（718）法興寺を平城京に移設
〃 （711）中門金剛力士像 資財帳
和銅四年（711）塔塑像
和銅年間（708～715）法隆寺造立 伊呂波字類抄
和銅元年（708）作法隆寺 七大寺年表
持統七年（693）仁王会のための天蓋施入
天武十二年（683）南海トラフ大地震
天武八年（679）食封三〇〇戸を停止 書紀
天武七年（678）筑紫大地震、地割家屋倒壊
移建
675
680
685
690
695
700
705
710
715
720
725
730
735
740
745
750
大講堂
南大門・大衆院殿・蔵
鐘楼経蔵・僧坊
中門・回廊
五重塔
金堂
講Q5建立の記録がない
講Q4使途不明の大梁と大斗
講Q3エツリ穴と込栓止めの垂木
講Q2古い礎石跡は何か
講Q1裏返しに据えた礎石
東Q5前身建物から古代の技術
東Q4姿を現した高麗尺
東Q3円弧虹梁
東Q2満身創痍のエンタシス柱
東Q1大量の裏返し礎石
門Q5掘立柱の柵は何か
門Q4高低差5mの境内、河も移設
門Q3東大門は元の南大門か北大門か
門Q2中門の礎石にも焼けたケロイド
中門天井板 689
門Q1伽藍の中心線が170度違う 年輪年代法
塔Q5不可解な風蝕が残る柱

第二十五図　創建法隆寺移建の工程（想定）

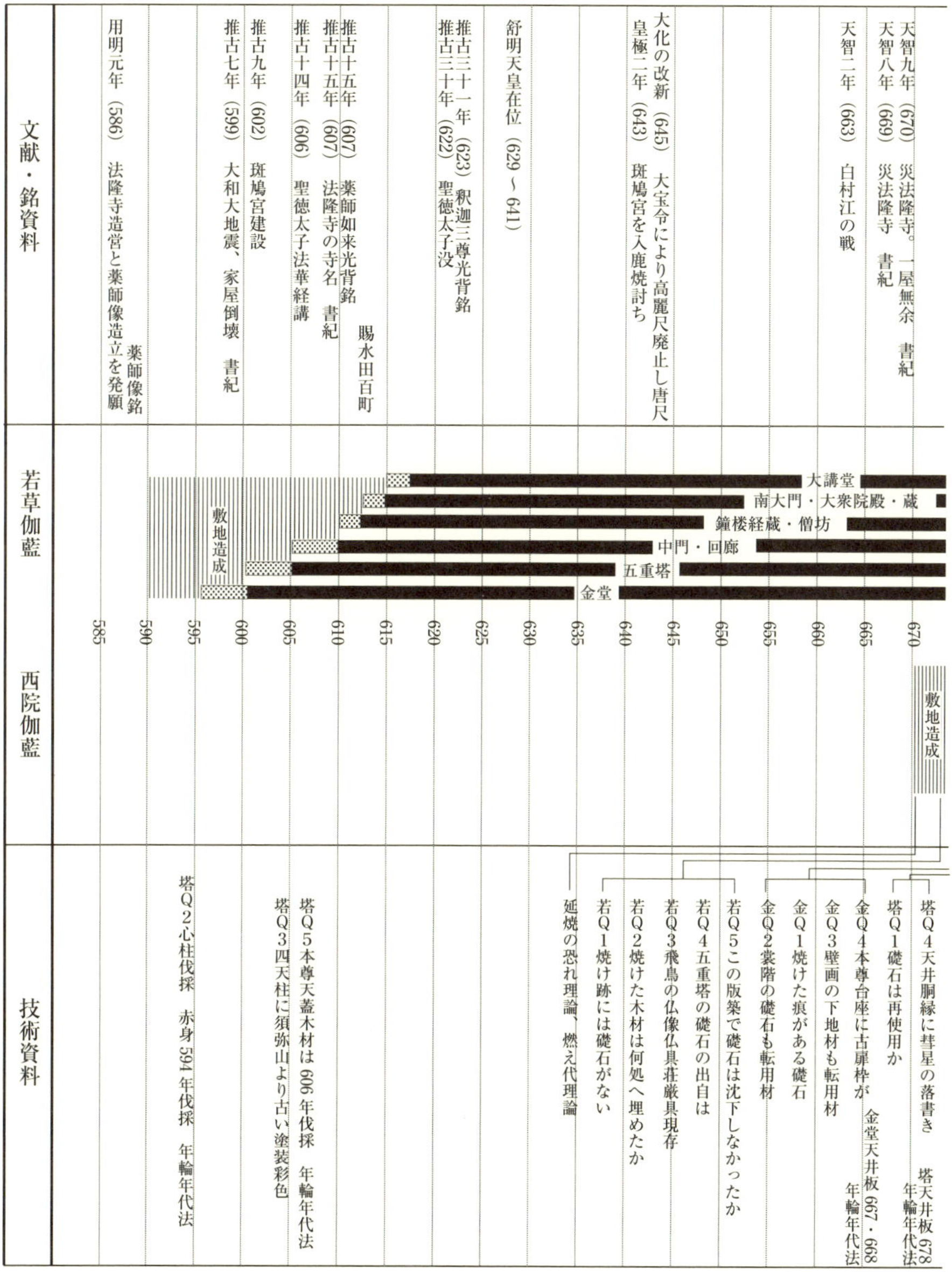

文献・銘資料
天智九年（670）災法隆寺。一屋無余　書紀
天智八年（669）災法隆寺　書紀
天智二年（663）白村江の戦
大化の改新（645）大宝令により高麗尺廃止し唐尺
皇極二年（643）斑鳩宮を入鹿焼討ち
舒明天皇在位（629 ~ 641）
推古三十一年（623）釈迦三尊光背銘
推古三十年（622）聖徳太子没
推古十五年（607）薬師如来光背銘
賜水田百町
推古十五年（607）法隆寺の寺名　書紀
推古十四年（606）聖徳太子法華経講
推古九年（602）斑鳩宮建設
推古七年（599）大和大地震、家屋倒壊　書紀
用明元年（586）法隆寺造営と薬師像造立を発願
薬師像銘
若草伽藍
大講堂
南大門・大衆院殿・蔵
鐘楼経蔵・僧坊
中門・回廊
五重塔
金堂
敷地造成
585
590
595
600
605
610
615
620
625
630
635
640
645
650
655
660
665
670
西院伽藍
敷地造成
技術資料
塔Q4天井胴縁に彗星の落書き
塔天井板678 年輪年代法
塔Q1礎石は再使用か
金Q4本尊台座に古扉枠が
金堂天井板667・668 年輪年代法
金Q3壁画の下地材も転用材
金Q1焼けた痕がある礎石
金Q2裳階の礎石も転用材
若Q5この版築で礎石は沈下しなかったか
若Q4五重塔の礎石の出自は
若Q3飛鳥の仏像仏具荘厳具現存
若Q2焼けた木材は何処へ埋めたか
若Q1焼け跡には礎石がない
延焼の恐れ理論、燃え代理論
塔Q5本尊天蓋木材は606年伐採　年輪年代法
塔Q3四天柱に須弥山より古い塗装彩色
塔Q2心柱伐採　赤身594年伐採　年輪年代法

きさも形状も変えざるを得なかったようである。大講堂の移建は最後にした。堂塔の移建工事中、貴重な仏像・仏具・荘厳具を施錠して護る安置堂とされたと想定した。

Ⅲ　移建した理由

1　若草伽藍を捨てた理由

火災のあと、創建伽藍を諦めて、西北へ移ったのは何故か。どうして移建したのか。現代建築の技術知識をもとに、若草での再建を躊躇《ちゅうちょ》したであろう理由を四つ記述す。

①伏流水と版築基礎について。

法隆寺では、北西の山から伏流水が地山（又は堆積土）の上を流下している。1／1000境内図をみると、現代でもこのような水の流れが読み取れる。盛土を築いて固めた版築基礎は、年月を経るにつれ伏流水によって足元が掬われ、ゆるんで崩れてくる。特に柱の重い荷重を支える塔の礎石は、少し沈んだだけでも建物全体に大きい影響を与える。若草伽藍の堂塔はこのような状態にあったと想定される。

若草伽藍は版築基礎が緩んできて、礎石が沈み、柱が不揃いに沈下してきたため、伏流水のない粘土地山の敷地を選んで、西北の山地に移転した。これが西院伽藍へ移転した理由と思われる。若草での再興を諦めて、耐震、耐久を大切に考えて移建したのは、賢明な決断であったのである。
②当時は地震活動期にあり、若草伽藍の諸建物の屋根は、各所で波打って危険な状態になっていたに違いない。硬い地盤の上にしっかりした基礎を造って、漸次修理しつつ移築することが、最善の選択であった。
③火災のあと、もしも焼けた金堂、塔、中門、そして回廊の基壇を同じ場所で造り変えたとする。地山に達する深さに基礎を築くのに土置き場が無く、資材運搬路もなくては、施工出来ない。傷んだ建物群を同じ場所で解体して、基礎から造り替える工事は、余分な手間暇がかかり、効率が悪く、良い仕事が出来ない。現代でも、同じ場所で基礎から木工事、壁、屋根まで造り変える工事は、仕事がしにくく、リスクが多くて、粗雑な仕事になり易いので、避けるものである。
④移建先である西院伽藍金堂の基壇は、地山を削らずに残し、その上に礎石を据付けている。当時としては珍しい工法である。建物の基壇分の地山をそのままにして、周囲の土を削り取って低くする。基壇が盛土ではなくもとからの粘土地山なので、後から沈む心配はないし、伏流水の流れに侵されることもない。このため移建から昭和の解体修理時まで一三〇〇余年間、礎石の不具合は生じず、据え変える必要もなかった。二重基壇の化粧石積みは崩れて修理しているようだが、建物の本体は地山に建っているので移動も沈下もしないのである。
さすがに昭和の修理でも、礎石の多くは掘り起こさないでそのまま残し、据替える礎石は最小限にとどめている。若草の境内地は伏流水を防ぐことが出来ないから、北西の粘土地山への移転を決断した。

これが世界最古の木造建築が現存する所以であり、その見識たるやさすがである。

2 金堂と塔が横に並ぶ理由

若草の創建伽藍は、塔と金堂が南北に縦に並ぶ、四天王寺式の伽藍だった。しかし火災後の西院伽藍は、金堂と塔が東西に横に並ぶ配置に変わり、何故縦並びを横並びにしたのか、議論されてきた。

若草から移転するに当たっては、当然、元通りに四天王寺式伽藍を造ろうとした。しかし「敷地の状態で実施出来ないことが解り、止むを得ず横並びとした」――筆者はこのように考える。

法隆寺の敷地は、南北でかなり高低差がある。境内配置図及び等高線図（第十七図、91頁参照）を読むと解るが、若草伽藍Ⓐは海抜54・5m、そこから250mほど北の西院伽藍聖域Ⓑは60mと、5・5mほど高くなり、その北には更なる山が迫り、上御堂の敷地は、Ⓑよりも更に7m高いのである。このような南北に高低差が大きい敷地には、縦長い矩形の伽藍聖域は造成できない。何とか縦よりも横の巾が広い平らな土地を確保して、止むを得ず金堂と塔が東西に並ぶ伽藍とした。しかも聖域の東と西には谷川があって、伽藍はこれまでと同一方向に出来ず、西院伽藍は中心軸が17度ほど時計回り西に変えられた。縦長の敷地が得られたならば、当然四天王寺式伽藍にされた筈である。

これは法隆寺伽藍敷地制約説である。もっとも、「塔は釈迦の遺骨を埋納する施設である」とする本来の意味が変わってきた。これも横並び止むなしとした理由かも知れない。朝鮮半島においても、金堂・塔を横並びにした寺院がある。

この敷地制約説を自分で確認することも出来る。薄紙を使って第十七図の、現西院の金堂・塔を囲む回廊の矩形を写して、それを回転して南北の縦長方向に置いてみる。57mの等高線範囲で収まらず、後方は60mにかかって、回廊で囲む聖域範囲は4mもの傾斜地となる。傾斜のある敷地では、回廊は菱形に変形して倒れてしまう。平らな境内地とするには、大量の土砂を削り取って、遠方へモッコで運ぶ大土木工事が必要である。

3 高麗尺と唐尺とが混在する理由

法隆寺西院伽藍は、高麗尺によって建てられたか、そうではなく唐尺による造営か。この議論が今も建築歴史学者の間で繰り返されて、その研究書が書店に並んでいる。しかし、この何れの論文も肝心な出発点があやふやではないだろうか。
法隆寺建物の計画寸法が高麗尺か唐尺かの判断は、移建を境にして分けて考えるべきである。高麗尺で建てた創建建物のどの部分が、移建時に唐尺に変えられたのかを考える――このスタンスで検討しないと、正解は得られない。
法隆寺移建の工程想定（第二十五図）に示す通り、
大化の改新（六四五）の大宝令によって、高麗尺は廃されて唐尺に変わった。

当然のこと、それ以前に建築されていた堂宇は、全て高麗尺である。

高麗尺で造られた建物が、天智九年又は十年に罹災し、西院へ移建された（移建論）。

このような視点で議論をすれば、すっきりするだろう。建物を西院伽藍へ移建した時に改造したり改修した部分、これは唐尺で造られたかもしれない。

創建伽藍配置図（第二十三図）は、修理報告書等に記されている実測寸法を、この移建論の考えに拠って、高麗尺＝35・45㎝に換算したものである。建物を解体して移建した時、どのような修理・修正がされたか。これは国宝、重文建造物の調査復元を手掛けた人には、おのずと建築計画時の計画値が読みとれるものと思う。

配置図の堂塔は次の大きさとした。詳しくは、「付Ⅳ　創建法隆寺の高麗尺」をご覧いただきたい。

		桁行		梁行	
金堂は	高麗尺で	39尺	×	30尺	（裳階を除く）
五重塔は	〃	18尺	×	18尺	（　〃　）
中門は	〃	34尺	×	24尺	
大講堂は	〃	84・5尺	×	46・5尺	（第二十六図）

4 『法隆寺資財帳』に伽藍全焼記録がない理由

『法隆寺資財帳』に、法隆寺の縁起と、建物、宝物、資材すべてを詳しく記しているのに、火災被害については記録されていないことは、ここまで何度も指摘してきた。

また、前述したとおり、『日本書紀』には六七〇年の前年にも斑鳩寺火災記録があり、合わせて4つの罹災記録があるが、何れも「災ス」とあるだけで全焼したとは記していない。5つの火災のうち天智九年の記録だけが全焼としている。本当に「一屋余す無し」であったのだろうか。

創建伽藍の罹災を機として西院への移転が決められ、金堂と塔と中門の礎石と木材を補って、屋根は葺き替えられた。移建後は山容が一変し、金堂と塔は横並びの新しい伽藍になった。

新しい伽藍は、仁王会のため金堂の壁画、天井など荘厳を一新し、塔の須弥山と塑像を造り変え、中門の金剛力士像は新造され、火災の跡かたは何処にも見えなくなった。

『日本書紀』には火災から五十年後の状態を語り部が報告し、記録された。それから二十五年後に『法隆寺資財帳』が記されたが、この時法隆寺は高僧も代替わりし、人々の心には落雷が移建という大事件の発端だったという認識は薄れていたために、わざわざ火災復旧と『法隆寺資財帳』に記すまでもないと判断されたのだろう。

第四章

法隆学問寺に聳えた大講堂

1　大講堂は「なくてはならない建物」

『法隆寺資財帳』は、天平十九年（七四七）に、法隆学問寺の縁起と財産などを記されたものである。「謹以牒上」として高僧拾余人の名を連ねた公的文書である。縁起に続いて、堂宇全ての大きさ、高さが記されているのに、何故か大講堂はない（第七図、53頁参照）。大講堂は、仏典の講義を行う場、仏教の奥義を極める討議の場として、古代寺院内において最も重要な、学問と修行になくてはならない建物である。

『伊呂波字類抄』巻二には、「推古天皇第十五年（六〇七）聖徳太子斑鳩宮西建一伽藍名法隆学問寺」とあり、聖徳太子の住まいである斑鳩宮の西に、法隆学問寺を建てたと明確に記している。この『法隆寺資財帳』は、法隆学問寺としての牒であり、僧と沙弥二六三人の記載と四棟の大きな僧房がある。学僧がいて、僧房が四棟あって、大きい食堂もある。だが肝心かなめの仏教を講じる講堂はまだ造られていない。学問寺としての中心に講堂＝教堂があり、前方に経蔵と鐘楼、左右と後に僧房＝宿舎と、食堂、これはワンセットの研究勉学施設である。その中心の大講堂はまだ造られていなかった。「学問寺と記されているが、大講堂はもともとないものだった。あとから造られたのである」こんな解釈でよいのだろうか。

現在でいえば、「宿舎が四棟と大食堂があり、多くの学生もいるが、教室がまだない大学校」のようなものである。そんなことはあり得ない。しかし文献学者は、『法隆寺資財帳』にないから法隆寺にはまだ大講堂がなかったといい、建築歴史学者は、食堂と書き間違えた、あるいは食堂と共用されていたと説明する。人々はそれを信じているようである。

しかし、〝学問寺〟と称する以上、教堂がなくてよいものだろうか。大講堂は僧の学問修行に是非とも必要な施設ではないのか。そもそも大講堂は学問寺のシンボルであり、最初に建築するものである。その存在が記されなかったのには、何か特別の理由がある筈である。この問題はもっと大局的に考える必要がある。

法隆寺大講堂の歴史は、これまで文献を主として考えられてきた。しかし修理後八十年も経つが解決しない。大講堂のあるなしは、法隆学問寺の尊貴にかかわることである。私はこのA―文献資料に加えて、B―修理時に出所不明として棚上げされていた技術資料六つと、C―現代の建築技術と理論五つを集め、これらをコラージュしてみた。技術者にとってはお手のものである。読者の皆さんも一緒に大講堂五つの謎（42頁）解決に取り組んでみよう。

A―文献（これまでに知られている文献）

（1）『伊呂波字類抄』法隆学問寺（前掲）

（2）『法隆寺資財帳』僧房四口　僧と沙弥二六三人記載。大講堂は記載なし

（3）『別当記』　延長三年酉乙講堂焼失、同北室等焼失畢
正暦元年寅庚講堂造立畢、焼失以後相当六十六年、云々

（4）『古今目録抄』次講堂者ハ昔堂ハ焼失セリ、故ニ其ノ時ノ別当観理僧都、北京法成性寺ニ普明寺云寺ヲ、当寺ノ庄以近江庄替請《カエウケ》彼寺、所造此ノ寺ニ也、別当ノ云ハク聖人ノ建立猶シ在リ此ノ怖レ、何況於凡夫ノ所造ニ乎、故ニ北ニ引去造リ置ケリ北室ニ、跡即堂ノ分済也、此ノ堂ハ六間四面也、

B—技術資料（法隆寺謎の痕跡30より）

（5）第一篇Ⅲ—1　凝灰岩礎石を裏返して据え、その柱座には古い柱痕が残る。

（6）第一篇Ⅲ—2　古い礎石据え付け跡があり、その柱間は1・8m広い。

（7）第一篇Ⅲ—3　土間に残る規則的な壺掘穴がある。

（8）第一篇Ⅲ—4　野地材の蔓がらみ穴を穿った角垂木が多数ある。

（9）第一篇Ⅲ—5　屋根裏に巨大梁と大斗が現存する。

（10）昭和十一年解体修理の際、北西隅にて鴟尾片を発見。

C—現代の建築技術と理論

⑴延焼理論　⑵燃え代理論　⑶伏流水　⑷等高線　⑸落雷被害考

このAとBとCの資料をコラージュ（切り貼りして組立てること）して考える。

調査記録（昭和十一年）によれば、大講堂は粘土質地山を整地した土間床に、丁寧に柱座を加工した凝灰岩礎石が下向きに据えてあり、その柱座に丸柱痕が残っていたと記してある。折角柱座を手間かけて造ったのに、隠して逆さまに据えた奇妙な建物。この裏返し礎石の施工は東室と全く同じであるが、他

に例はない。講堂と僧房は隣り合って建つ建物であり、二つは同じ工匠集団によって同様の手法によりほぼ同時期に移建されたに違いない。読者の皆さんもこのように判断されるだろう。東室は和銅年間に西院へ古材を再用して建てられた僧房である。となれば、大講堂もまた和銅年間に西院伽藍へ移建された建物と考えられる。しかるに、『法隆寺資財帳』に東室はあるが、大講堂が記してないのは何故か。

建築技術者は、木造建築が地震と雷と火事に弱いことを知っており、どこかに何か手がかりがないかと『日本書紀』に続く日本国史とされ、文武元年（六九七）～延暦十年（七九二）の歴史を記録した『続日本紀』を探してみたら、なんとここに、大地震の記録があった。

巻第十六の天平十七年（七四五）四月である。

「この日（四月二十七日）、通夜《よもすがら》、地震《なゐ》ふる。三日三夜なり。美濃国の櫓・館・正倉、仏寺の堂塔、百姓の廬舎《いほや》、蝕《ふ》れる処に崩《く》え壊《こほ》たれぬ」

「五月戊午の朝、地震《なゐ》ふる。己未（五月二日）地震《なゐ》ふる。京師《けいし》の諸寺をして、十七日を限りて、最勝王経《さいしょうおうきょう》を転読せしむ」これは解説文によれば、「鎮護国家を説く経典を、紫香楽宮、平城京、恭仁京など広くで地震を防ぐために転読した」とある。

また五月八日に「大安・薬師・元興・興福の四寺、三十七日を限りて、大集経を読ましむ」

二日後の五月十日に「地震《なゐ》ふる。大般若経を平城宮に読ましむ」とあり、官大寺筆頭四寺にて経をあげ、更に仏寺だけを頼れず平城宮にても経をあげて祈ったことがわかる。

次いで「是の月、地震《なゐ》ふること、常と異なり。往往《しばしば》坼《ひら》き裂けて水沸き出づ」

『続日本紀』天平十七年四月末から四カ月間に、数えるとこれらを含めて十七回の地震記録がある。

そこで、『法隆寺資財帳』は何時提出されたか、もう一度確認した。手が震えた。天平十九年である（二十五図参照）。考えを進めよう。

大講堂は法隆寺一番の大堂。スパン10・4ｍ余の巨大梁五丁を掛け連ねた、今流にいう百五十畳敷の広くて柱がない聖なる空間。その四周の庇間は3・0ｍ巾。屋根は軒の出が大きい入母屋造りの重厚な本瓦葺である。大講堂は天平十七年地震の激しい揺れと突き上げによって、継手仕口が破損して梁桁が外れ、壊滅的被害を蒙ったとすれば、二年ほど後に、建物を全解体して礎石を据え替える（第五図、46頁）工事に着手したところであろう。資金も乏しくてまだ何年間も姿のない状態が続くため、『資財帳』に記載するのは控えたに違いない。土間に残る壺掘り穴は、改築時の仮支柱であった。これならば5つの謎はみな解決する。私のこの主張は、根拠の薄いものではなく、科学的な思考に基づく推論である。

身舎を1・8ｍ狭くするために礎石を据え替えたのはいつのことか。移建工程表（第二十五図、126～127頁参照）には、そのように表示したが、今後の調査を待って確定するしかない。壺掘穴から発見された「隆平永宝」の出土状況を詳しく知りたいものである。

この時期に各寺が一斉に資財帳を提出しているのは、災害を把握するための調査だったのだろうか、専門家の意見を伺いたいものである。

大講堂は、その後にも、落雷焼失を記す二つの文献の解釈をめぐる謎があって、全体の経緯がすっきりしない。現存する礎石も蔓からみ穴の垂木も巨大梁も、出所進退が怪しいのか。次は雷と火事をめぐる問題である。

2 二つの資料が示す真相（『別当記』と『古今目録抄』）

昭和十一年の修理報告書を調べると、大講堂は昔の建物が延長三年落雷によって焼失したあと、普明寺の建物を貰い受けて焼け跡へ移して建て、六十六年間使用された。その後現在の建物は、正暦元年に新築したものである。このように判断している。そして昔の建物古材は棚上げして、正暦元年の大講堂建物の正確な復元をしている（但し正面間口八間→九間）。

しかし、文献（3）と（4）をよく見ると、別の読み取りも可能ではないか。「落雷により大講堂と北室他が焼けたため、普明寺の六間四面堂を譲り受けて、大講堂よりも北方に引いて北室跡に建てた。その後正暦元年に新講堂を造立した（これは焼失後六十六年に相当する）」つまり、延長三年に落雷して焼失したため、六間四面堂を北室跡地に建てて仮講堂としてきたが、六十六年後の正暦元年にもとの位置に新講堂を造立できた。聖徳太子ゆかりの大講堂は、落雷によりひどく焼損したため修復を諦めてそのままの姿で風雨の侵入を防ぎ、傾いて倒れないよう、大切に保守保存されていた。このように解釈してよいと思われる。

それでは技術資料（5）～（9）は西院へ運ばれる前に何処にあったものか。このような大建築が名も知れない寺にあることはない。古代においては、他寺へ建物を移転する場合は、何らかの記録が残されている。元興寺、唐招提寺、この普明寺しかり。移築記録がないのは、同じ法隆寺内で移転されたからに違いない。

大講堂の礎石は、歴史絵（記録）を沢山抱えている。凝灰岩礎石が整然と並ぶなか、何故か西北隅だけ柱礎石四個を自然石に変え、土間の上を取り換えている。ここに雷が落ちて（延長三年）、大災となった火元でないかと、筆者はみている。そして須弥壇が燃え、炎は天蓋、天井へ上がって、屋根を突き抜けて穴が開いた。仏像、仏具も焼損したであろう。大講堂一四〇〇年の歴史を、地下に残る礎石の据付跡（第五図、46頁）によって考察する。この考察は、これまでに得た歴史絵ピースを集め、礎石の据付図によせて組み立てるものであり、完成するには更に多くのピースが必要である。諸賢のお力添えによって、より良きものとしたい。

①六一五～七〇〇　法隆学問寺創建大講堂（この西暦年は移建の工程表＝想定による。以下同じ）

法隆学問寺大講堂の復元平面図は第二十六図（145頁）に記した。礎石柱座に残る痕跡から、外側柱は下径47㎝、身舎柱は下径55㎝と解る。胴張り柱で屋根は玉虫厨子の如きしころ葺きであろう。

②七〇〇～七四五　西院大講堂

大講堂は、和銅年間に若草から西院へ移建された。平面間取りは創建堂と同じであるが。礎石は円座の傷と汚れを隠すためか、全て下向きに据付けられた。屋根は入母屋造りとなったであろう。

③七四七～九二五　『資財帳』に記載されない大講堂

天平十七年近畿・美濃を中心に地震頻発。強震又は地割れの記碌、四～七月に二十回あり。大講堂は大きな被害をうけ、建物を解体して修理されたと推測する。身舎の礎石全部を掘り起こして90㎝内側へ移して、身舎の柱間を1・8m狭めたことは、礎石の据付跡図面（昭和十一年修理報告書）にて明らかである。そのためには小屋組みと屋根の造り替えが必要であり、このような大改築は、長期間に及ぶ工事であるが、揺れても倒れない構造とするためにはやむを得ない。工事する数年間は建物の姿がない。公的文書である『資財帳』に、大講堂と記し、実測した長さ、広さ、柱長を書き込むことは出来なかったであろう。改築の時期を知る鍵は、壷掘穴から出た「隆平永宝」である。それ以後、延長三年『別当記』と『古今目録抄』の落雷被災まで記録はない。

④九二五～九九〇　大講堂は機能を失い仮講堂へ

大講堂は落雷により焼損したため使用できず、北室跡に仮講堂を建てて六十四年間使用。この間、焼けた講堂は太子ゆかりの堂と敬して保存。正暦元年、新大講堂建設に当たり、丁寧に解体して、使用可能な古材（礎石と木材）は新しい堂に再使用された。

⑤九九〇～二〇一六　正暦元年建立大講堂

正暦元年大講堂新造にあたり、凝灰岩の礎石九個は花崗岩の礎石に取り換えられたとみる。昭和十一年修理時の実測図では、当初礎石四十個の70%強が残存していた。古い巨大梁、大斗、垂木もある。このように、多くの創建当初の資材が、現在の大講堂に引き継がれている。

その後大講堂は西に一間足されて九間堂となった。

文献に焼失とあれば、焼けてなくなったと諦め、歴史が切れるとされてきた。しかし、礎石は焼けても溶け失せることはない。その後も歴史を刻み続けている。建物の歴史考察に当たっては、ここに注意したい。大講堂は、『別当記』と『古今目録抄』に延長三年落雷により焼失と記録されるが、昭和十一年解体して綿密な調査をされた時、焼損した痕は何処にもなかった。礎石に焼けケロイド傷がないだけか、他の建物構成材も同じで焼けて炭化した木材は記録にない。建物全体が焼失したのではない。文献に記す「焼失」とは、建物としての役目を失したことである。建物全体が焼失したのではない。文献に「新造」「造ル」「作ル」とあるのは、堂塔新築だけでなく、移建、移築と古材再使用を含む。延長三年の落雷被害はその程度のもの。建物全体が燃え尽きたのではなく、巨大梁、垂木などの木材も礎石も残っている。これらの古材は、創建以来の歴史を持つ、貴重な技術資料である。貴重な資料を棚上げして放置するのでなく、科学的に精査して更に考察を進めたいものである。

3　創建大講堂の姿

創建大講堂はどのような建物か、平面図として示すことが出来る（第二十六図）。昭和十一年の解体修理時に作成された建物礎石の実測図がある。大講堂は移建された当初は間口が八間、奥行き四間だった。高麗尺では84・5尺×46・5尺である（次項で述べる）。

巨大梁のスパン即ち身舎柱間は29・5高麗尺、柱は足元で55㎝と47㎝の、胴張りした柱と思われる。屋根は玉虫厨子の如き「しころ屋根」で、角垂木、本瓦を葺いて鴟尾が飾られていた。凝灰岩礎石の四

第二十六図　創建大講堂復元平面図

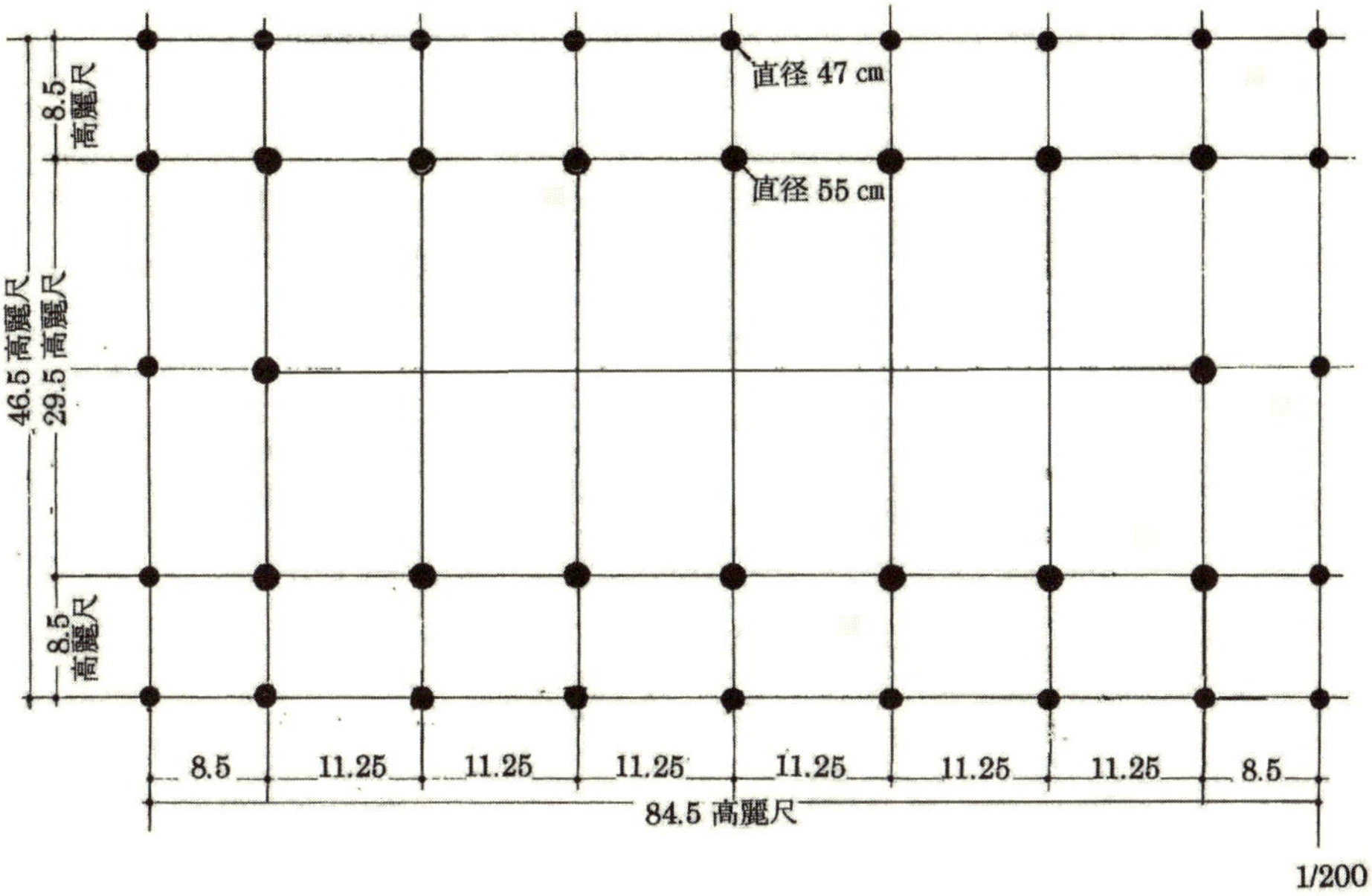

第二十七図　大講堂歴史　想定

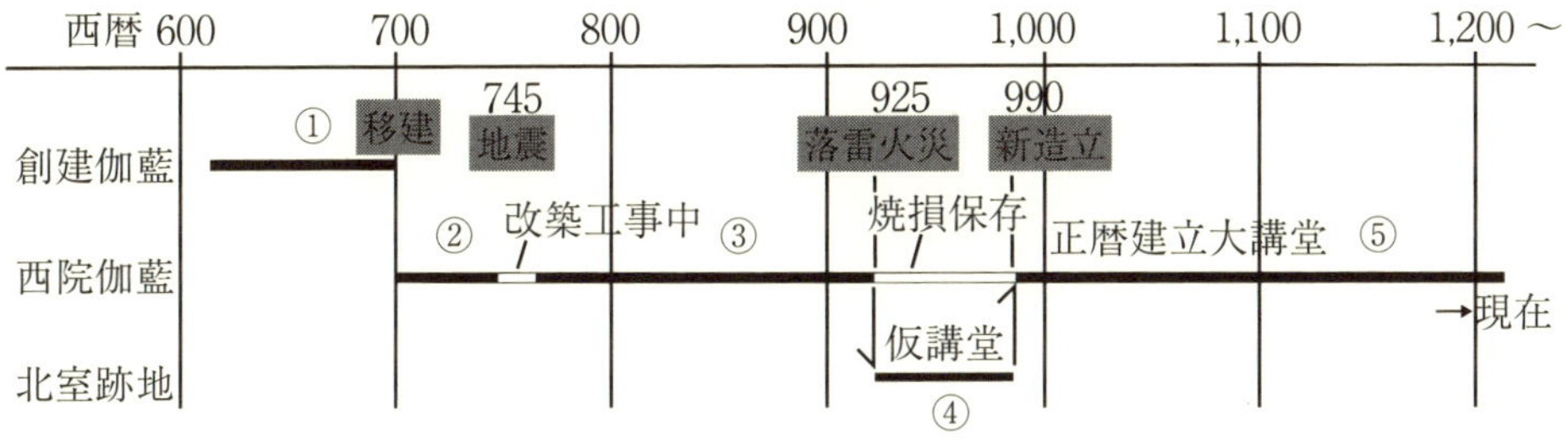

角い柱坐の上に、堂々たる円柱が列び、立派な須弥壇があった。大講堂は法隆寺で一番大きい建物である。

落雷火災（天智九年または八年）の被害をうけない大講堂は、内部からしっかり施錠できて、傷んで雨漏りする金堂や五重塔、諸堂の仏像、仏具、荘厳具を仮安置する場所として、なくてはならない建物であった筈である。毎日供花供物を捧げ、読経礼拝、経典を学ぶ学僧。堂宇が全て移建されるまでの三十年間、確実に法隆学問寺として役目を全うした建物だと考えるのである。

4 まとめ

創建法隆寺の堂宇は和銅年間に西院へ移建された。延長三年、大講堂と北隣の北室等が落雷によって焼損したため、京都晋明寺の六間四面堂を北室跡に移建して、仮の講堂とした。現在の大講堂は、正暦元年に、焼けないで残っていた礎石と木材等を再使用して新築されたものであり、その後、西に一間を加えて間口九間に改められた。昭和十一年に現存大講堂を修理した際、延長三年火災以前の礎石、大梁、大斗、垂木が発見されて今も残存している。この残存古材によって創建大講堂の規模を知り歴史をたどることが出来る。

移建論を拠りどころとして、創建大講堂が存在したとの主張を組立てた。大講堂移建は、誰もが認める事実と確定するために、付―2の大講堂発見古材の確認を実施したいのである。これによって創建大講堂存在が確定するのである。

聖徳太子は、この法隆学問寺大講堂において、法華経、維摩経、勝鬘経の経典を注釈し、三経義疏を講じられたに違いない。大講堂は、一四〇〇年の法隆学問寺の由緒を伝える、まことに貴重な世界遺産である。今後の調査により更なる補完資料が加わることを期待する。

かって若草に聳えていた法隆学問寺伽藍は、落雷被害のあと順次北北西へ移建されて、金堂と塔が東西にならび建つ新しい伽藍となった。聖徳太子の等身像とされる釈迦三尊像は、金堂の中央に、薬師如来像は東の間にお祀りされた。

大講堂が移建された址には新たな東西道路が造られて、南大門が建ち道路沿いに土塀が設けられ、伏流水は地山を掘りこんで東と西に導かれた。伽藍火災後の残材は谷川に埋められ、跡地は削り取られて更地となった。罹災からおよそ三十五年をへた和銅年間のこと、新たな伽藍の鎮護を願う儀式が執行され、塀中央に和銅開珎と金箔片が埋納された。やがて南大門が移って、新たな土塀に囲まれて塔頭が建ち並び、伽藍址地は花園となった。中門を固める金剛力士像は、その歴史をご承知である。

「和をもって貴しとなす」法隆寺憲法のもと、護法に勤めて一致協力、果敢に火難に立ち向かい、堂塔を護持してきた高僧、学僧の存在を忘れてはならない。法隆寺は一四〇〇余年の歴史といのちを有する、世界最古の木造建築群であり、あまたのかけがえのない貴重な宝物を護持する世界文化遺産である。中門の前で移建論の幟を掲げたとき、仁王像の太い腕が動いてVサインが来たようである。鐘が鳴った。

付

法隆寺建築の技術資料

I　東室で発見された古材詳説（飛鳥様式）

1　礎石全てを裏返して据えた不思議

飛鳥奈良時代の寺院では、大講堂を囲んで伽藍の東と西と北の三面に僧房が建っていた。法隆寺東室のほかにも元興寺、薬師寺などに遺構がある。その頃の僧房には板床を設けた痕跡がなく、土間床で床机を使っていたようである。東室の北1／3程は粘土質の地山を削り取って平らにした土間だったが、南に行くほど地山は低くなって深さが2・1mほどに達し、それ以南は高くなって深さ0・6mほどに戻った。

ここはもと谷川であったようで、谷に茂る雑木雑草を焼き払って、北から削り取った粘土質の土を運んで埋めて、北端から南端まで長さ51mの建物敷地を同一平面に造成したものだった。この土間には四角に加工した凝灰岩の礎石が据えてあり、ところどころには花崗岩の自然石もあった。凝灰岩の礎石46個、花崗岩自然石礎石15個、花崗岩加工礎石1個、合計62個である。以前に解体して修理された南の聖霊院にも、これと同じ状態の凝灰岩礎石18個があったことが報告書に記されており、両方合わせると、東室の創建時には少なくも64個の凝灰岩礎石が使われていたのである。

この礎石は上面が平らだったが、下面に円座が造られており、掘り起こすと土地盤にくっきりと円座跡が付いていて、ほかの夾雑物は一切ないのである。造成した敷地の上に、礎石円座をわざわざ下向きにして据付けたものであることは、誰の眼にも明らかだった。逆に、円座が上にある礎石を掘り起こしたところ、粘土の表面に全て円座女型がくっきり残り、据付けに使った埋め土には瓦片など混じり物を含むものもあって、こちらこそ、僧房建築時に裏向きに据えた礎石を、沈下したため後から再び裏返して据え直したと判断された。この凝灰岩を方形に加工した礎石は、二上山系の石で、実測図に示す如く、49cm~52cm角、高さ36cmであり、うえに10cmの円座が造り出してあった。

折角きれいな円座を創り出しておきながら、これを隠して裏向きに据えるとは、甚だ奇妙なことである。更に注意して見ると、この円坐表面に、どれも直径41cm~42cmの円柱が据わった跡が残っており、また、ある礎石には造り出した円座の首部分に漆喰が付着した水平なよごれ跡があって、ここが元の土間の高さだった。谷を埋めたところにある花崗岩礎石を掘り起こしたところ、なんとその下から沈みこんだ凝灰岩礎石が現れて、これを掘り起こすと円座を下にしたまま沈下した状態であり、ここに至って、ついに誰もが全ての礎石が最初から下向きに据えられていたものと認めざるを得ない奇妙なことだった。

西院伽藍が建てられたとき、東室の柱は胴張りがあり、太さは下部で直径34cm（太いもので）だった。しかし礎石に造り出してある円座に残る柱跡は全てもう一回り大きいものだった。ということは、この凝灰岩礎石は、よそから転用されたものであることは明らかである。聖霊院と合わせて総数64個の凝灰岩礎石が何処から来たものなのか。

大講堂は凝灰岩礎石であり、東室と同様に立派な柱座を裏返して据え、そこには前身建物の太い柱跡が残っていた。金堂と塔と中門の礎石は花崗岩自然石で、焼け傷を削り取るなどして再使用されている。若草伽藍址には凝灰岩礎石も花崗岩礎石も見当たらず、捨てられてもいない。建物は一棟ごとに解体して礎石を掘り起こして、西院へ修羅に載せて運搬された。和銅移建工事の時、金堂・塔・中門と講堂・僧房は、新しい礎石を調達するのでなく、石工に命じてもとの礎石をこのように再使用したのであろう。

2 胴張り柱のガイコツ

東室の柱は建設時には胴張りをもつ立派な檜丸柱だったが、間取りが改造される度に貫や壁の大小さまざまな仕口穴が掘り込まれて、丸い面を削って角柱にされたところもあった。西岡常一、楢二郎棟梁は、これらをガイコツ柱と敬称していた。柱に切り込まれた痕跡の全てを間竿《けんざお》に写し取って、色分けして年代を考証したうえで、分類整理する数か月間の調査。白鳳時代の二間一房制の僧房間取りが復元でき、大成果を得た。（第十図）この古柱の一本は、一三〇〇年の僧房歴史を語る証人として、北から二番目の僧房に展示してある。

ところで、このように創建以来の変遷が明らかになった後も、柱に刻まれている仕口穴で、理由のわ

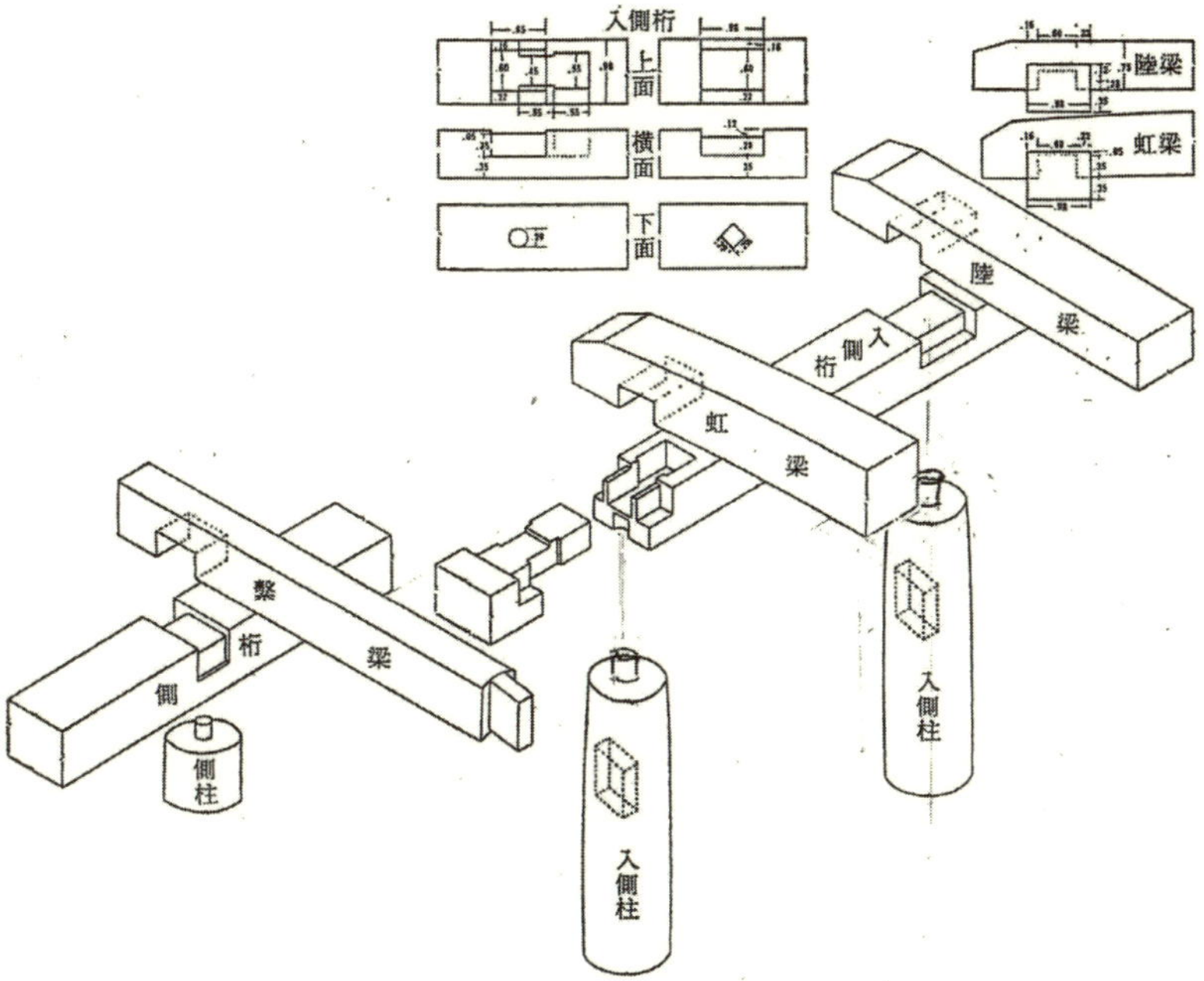

第二十八図　東室に残る古代の継手仕口

からないものがまだ残るのである。例えば当初からあって一三〇〇余年移動していない、東側柱の柱面の外側（東側）に埋めてある木を取り外したところ、大壁用間渡貫穴が発見され、高麗尺2尺間隔（70・9㎝）に連続していた。ここから外に向いて壁が出来る筈はないし、埋め木した表面は後から嵌めこんだ新しい肌ではなく、柱の表面と全く同じように風化していて、白鳳期に建築した当初にすでに存在した穴を埋めた仕事というほかないのである。ほかに創建当初から位置を移動していない北側の東から2本目と4本目の柱にも、深さ15㎜ほどの浅い高麗尺2尺割の間渡貫穴があって、もとは太い柱に彫ってあったが、柱を削って細くしたので、穴底部分だけかろうじて残ったとしか思えない壁の痕跡である。東室は転用材を使用して建てられたと結論付けるしかなくなってきたのである。東室の柱総数は64本、内訳は建築当初柱30本、後補柱34本だが、高麗尺2尺割の痕跡をもつ当初柱は、18本あり、痕跡がなくても同様の寸法でよく似た柱は12本あって、計30本は東室を建築する際に、別の建物から転用した材であったと結論づけられた。同様の柱は聖霊院にもある（修理工事報告書）。東室に転用する前の柱は、胴張りがあり、太さ41〜42㎝、長さ4・3m以上の檜柱である。18本の柱に残る壁間渡貫の痕跡は、高麗尺の2尺間隔の連続した穴であり、疑いない明確な2尺寸法である。なお、金堂の柱実測図を見ると、壁間渡貫穴は高麗尺1・5尺間隔であり、下部は間隔を半分に狭めて1・5尺／2にしたようである。

東室の柱にある壁間渡し貫穴は二種類。和銅年間に西院僧房として刻まれたのは正方形、前身建物のものは矩形であり、明らかに区分できた。金堂壁間渡し貫の工法は、東室前身建物と同じ工法であり、創建伽藍建設の時（一〇〇年前）、同じ工匠らによる仕事とみられる。

3　円弧反りの虹梁

東室には第十一図に示す通り、まさに虹に例えるにふさわしい見事な円弧の虹梁《こうりょう》がある。スパンは20・48尺（6・2m）、反り曲線の半径は下端が140尺（42・4m）、上端が98尺（30・0m）である。中央部はほぼ直線で、両端部だけ反り上がる奈良期の虹梁と比べるとき、違いは歴然としたもので、造られたのは和銅年間よりももっと早いようである。これを高麗尺に換算すと、スパン17・5尺、反りの半径は上85尺、下120尺である。

東室の虹梁の反り曲線は、円弧であることに気付いたあと、それでは回廊の虹梁も円弧でないかと頭にひらめいた。早速実測して確かめることとした。この作業は判断間違いを許されない。筆者と西岡常一、楢二郎棟梁の三人で確認しつつ行った。この回廊虹梁十本の実測図は、今も筆者の手元にある。一四〇〇年前に、はっきり円弧曲線が用いられたとの証拠を得た。反り上りの円弧半径を数値で示すことが可能である。円弧虹梁が使われているのは、法隆寺の東室と回廊だけで、日本で二例のみである。東室と回廊を較べると何が解るか。美術史にも必要な基礎データであろう。

4 柱間が広い狭い不規則

東室の桁行の柱間寸法は、不規則に広い狭いが繰り返されており、（北から南へと大まかには短くなっているのだが）統一のないものである。この柱間寸法を現在尺で実測すると、10・53尺、9・89尺、9・05尺8・448尺（3・191m、2・997m、2・742m、2・560m）と四種類が不規則に連続していたのである。

法隆寺で実測に使用していた定規竿の目盛りは、現在尺、唐尺、高麗尺、mの寸法が、現在尺の1尺＝1・02564唐尺＝0・8547高麗尺＝0・303mである。即ち、1高麗尺＝35・45である。

この実測して得られた前記四種類の柱間は、高麗尺ではなんと、9・0尺、8・5尺、7・75尺、7・25尺となるのである。高麗尺は大化の改新（六四五）に発せられた大宝令により廃止されて以後は唐尺に改めたとされる。高麗尺を使用していたころは、建物の大きさを、例えば回廊は梁間、桁間共10・5高麗尺であるなど、高麗尺5寸即ち1尺の1／2はよく用いられていたようである。この柱間の中央に柱や束柱を立てると、高麗尺1／4分割の寸法となる。すると0・25高麗尺はしばしば発生する寸法と考えてよいのである。

僧房東室は、集めた古材を再使用して建てた建物であり、北より4房は働き長さ18高麗尺の桁を再使用したけれど、継手が傷んだため北から3房と4房は0・5高麗尺狭くなったもののようである。馬道より南の桁は別の僧房建物から再用した材かもしれない（第十二図参照）。

古代は、既存の建物をばらして運び、再び組み立てていた。その時、桁の組手が腐ったり釘穴があって割れていては役に立たない。しかし継手を加えれば6m以上の長尺材を捨てるわけにはいかない。古代の桁継手は雌部に雄継手を嵌め込むもので、桁は普通2柱間毎に組手を作って継いでいる。その傷んだ雄の継手を切捨てて造り変えたとすれば、もと連続した柱間はその部分だけ狭くなる。東室を移築するときに柱間に広い狭いが生じたのは、当然のことである。第二十八図に、側桁と繫梁の仕口を示したが、側柱に互平の側桁が載り、その側桁の上に相欠仕口で繫梁が架かるため、化粧垂木の位置は繫梁を避けてまたぐ配置となる。つまり化粧垂木は柱芯に配さず、柱芯を跨いで配置されていたのである。東室のように切妻屋根で大斗を置かない建物の構造はこのようだった。

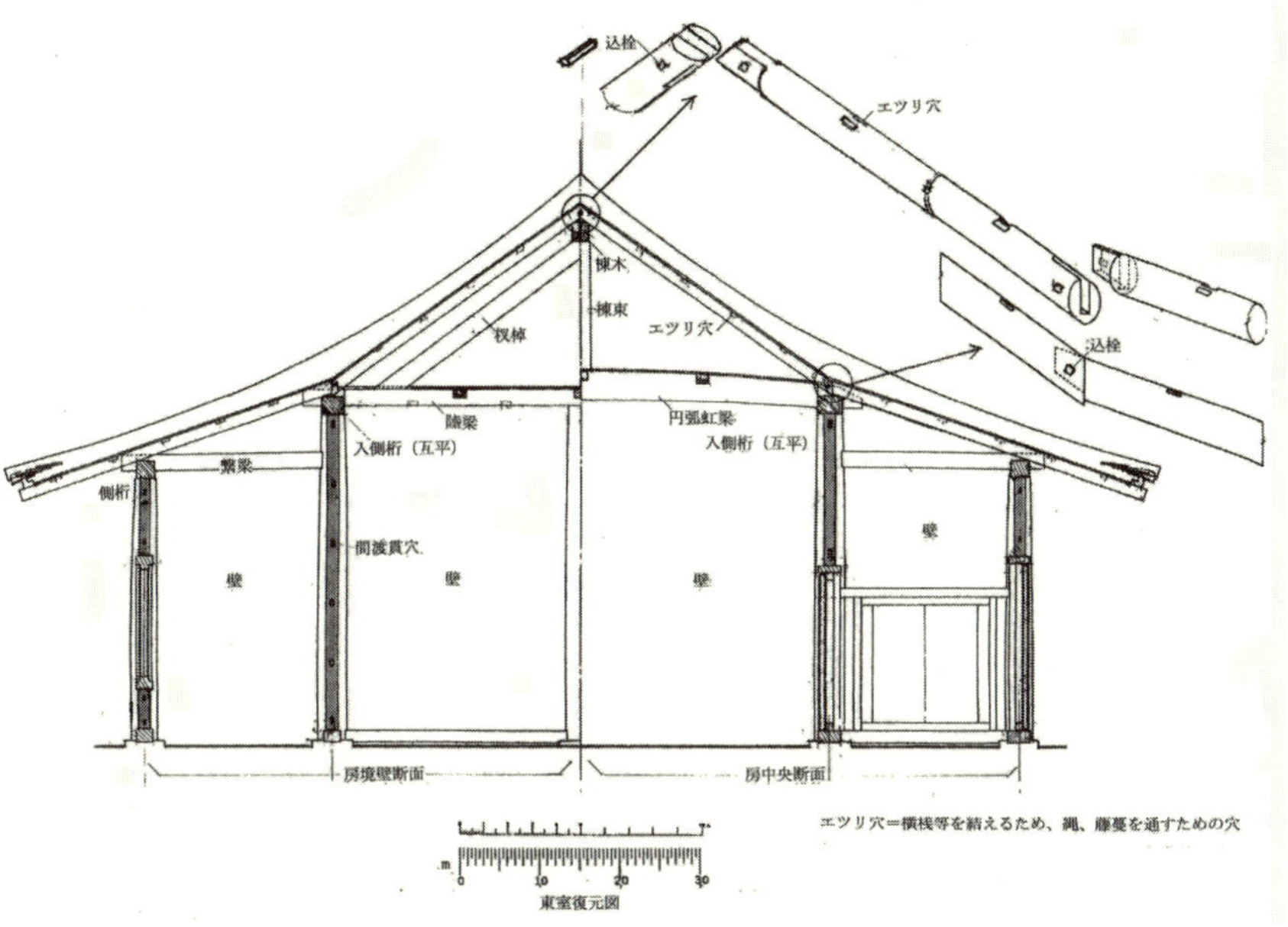

第二十九図　釘を使わない垂木の組手と野地材蔓絡め穴

以上のことから、東室の前身建物は、柱間が高麗尺の９・０尺と７・25尺の建物であった。これを解体して、その古い桁材と梁材を再使用したために、柱間は広い狭いがある建築となった、という推論が出るのである。

法隆寺伽藍は軒回りの荘厳を、建物により三段階に使い分けている。金堂、塔、中門は柱に大斗を載せ上に雲肘木、回廊と大講堂は大斗のみ、東室等は大斗なし。このように建物が格付けされていたのであろう。

5 飛鳥時代は釘を使わない小屋組

東室の屋根の西流れには丸垂木が70本使われており、転用されていたものが26本、南の聖霊院にも同様な垂木が32本確認されて、合計123本の丸垂木が残存していた。垂木の製作年代は奈良期以前と思われ、木目が細かい良質の心去り檜丸太（直径15㎝）で、上面に野地材を蔓絡みする穴が穿ってあり、垂木と垂木を組む組手が残っているものも若干あった。丸垂木を詳しく徹底して調べたところ、これまでの修理で解らなかったこと、気付かなかったことが、幾つも見えるようになった。

飛鳥時代の建物は、釘を使わないで垂木を固定していたのでないか。そして垂木を釘で固定したのは、法隆寺建築では恐らく和銅年間以降であろうと思うのである。垂木の組手については第二十九図（釘を使わない垂木の組手と野地材蔓絡み穴）を参照されたい。以上の五つは、金堂、五重塔修理以後に新たに取得した、飛鳥時代建築工法の詳説である。

6 まとめ

高麗尺考により堂塔の大きさが復元され、玉虫厨子建築模型論を可とすれば、飛鳥期の屋根の形状はこれにより決定できる。創建法隆寺の姿は移建綸によってほぼ明らかとなった。

東室は和銅年間に建物の古材を再使用して建てられた僧房であり、天平十九年の『法隆寺資財帳』にある四棟の第一のものとして確定している。しかし東室のこの前身建物が創建法隆寺の僧房である証拠は何もない。再建論も二寺並存説も、創建法隆寺が一屋残らず全焼したとの『日本書紀』記録を絶対のものとし、どこか他寺から僧房を運んできたとする。若草伽藍址には僧房の礎石跡は確認できていない。東室を解体修理した時の調査はここで止まり、以後五十年何ら進展していない。

今回改めて東室古材の礎石、柱、虹梁、桁、小屋組についてのデータを科学的に精査考察してみた。そして同時に、金堂、塔、中門、回廊、大講堂の修理工事中に謎とされた痕跡も、再検討してみた。するとこの建物六つの施工法は和銅期に新築したのではないという共通項があることを突き止めた。現存する法隆寺主要堂塔は、創建されたのち、火災、罹災したまま雨に長期曝された汚損、移建時の古材再使用という経緯を辿る度に、必然的に生じた痕跡＝建物歴史のＤＮＡが刻まれており、これらは一致する。

古材のＤＮＡともいえるこのデータを1～5に提示した。長い建物の歴史には、地震被害が大きく関わっている。飛鳥・白鳳時代は地震活動期であり、Ｍ８に及ぶ地震記録がある。伏流水があれば、版築基礎は沈下する。釘をほとんど用いず、木を組み重ねた深い軒出の大屋根に重い瓦を載せた堂宇は、手酷い被害を蒙ったに違いない。焼成温度の低い瓦は必ず雨水が浸み込んで凍結して割れ、葺き替えが必要。建築する工法も、使用工具も現在とは格段につたないもの。それに気付かない脳天気な、机上だけの歴史考察は意味がないと思う。

創建法隆寺の堂塔は、基礎が水に洗われて沈み、地震の揺れと突き上げで木部の継手仕口が破損し、そこへ金堂・塔・中門が落雷によって焼損。そして若草での再建を諦め、西北の強固な粘土地山を造成して移建した。法隆寺主要堂宇の各所に残る謎の痕跡に、口を閉ざし目を反らして歴史を論じてはならない。

このような痕跡＝ＤＮＡの発生は科学的考察によって原因が明らかとなり、堂塔は全て焼滅したのでなく、移建は間違いないものとなった。

Ⅱ　大講堂発見古材の確認

資料1　現大講堂から発見された、柱坐を下向きに据付けた凝灰岩礎石多数個（44頁、第四図）
資料2　天井小屋裏から発見された、蔓がらみ穴を持つ檜の角垂木多数本（48頁、第六図）
資料3　天井小屋裏から発見された、複数個の巨大梁と大斗
資料4　現大講堂地下発掘調査で確認された、26箇所の旧礎石据付け址（46頁、第五図）

精査手法の提言

現存する法隆寺現大講堂には、多数の凝灰岩礎石と、野地材蔓からめ穴を穿った角垂木と、巨大梁及び大斗が実在する（または収蔵庫に保存）。これらは僧房東室の前身建物（飛鳥時代）と同様の技法をもつもので、特に全ての凝灰岩礎石が、建築当初から柱坐を下向きに隠して据えてあり、そこに別建物の柱座が残ること、及び垂木が蔓がらみ穴を持つことは、まことに特異であり、この二つの建物以外にない。しかし、大講堂に残る礎石と垂木の形状及び建築技法が古式で、飛鳥時代に存在した東室前身建物と酷

似するから、飛鳥期のものであると軽々に断じるべきでないとの自制論もあるだろう。よってこの礎石、垂木、梁が、間違いなく七世紀前期のものであることを、科学技術に拠って証明する必要がある。そのために専門機関に調査を委託して下記を実施されるよう提言する。

資料1について、東室の凝灰岩礎石と同一の材質、同一産地であることを科学的に分析して確認すること。（44頁、第四図）

資料2について、大講堂及び東室の垂木の年輪変化パターンを五重塔心柱の年輪変化パターンと較べ、双方の樹がほぼ同じ年代に生育したものであると確認すること。（48頁、第六図の垂木は収蔵庫にないか）

資料3について、寸法、形状、材質を再調査し、かつ年輪変化パターンを東室の桁、と重ねて調べ、同じ年代に生育した木材であることを確認すること。（国立奈良文化財研究所に依頼したい）

以上の結果を開示して公認をうること。いずれか一項目だけでも確かな結果があればよい。

Ⅲ　現代建築の木材火災理論

文化財建造物の修理には、建築基準法の適用は除外されて、建築されたときの状態に復することが第一義とされる。しかし隣家火災により類焼被害を受けることもあり、木造火災の理論を知る必要がある。木造建築の火災について、科学的にもう少し詳しく説明しておく。

建築基準法に定める、火災はどのように燃え拡がるかという「延焼の恐れ」について、法2条6号には、「建物のうち、延焼の恐れある部分にある屋根、壁、軒裏は防火性能を有する材で覆いなさい」としている。防火性能とは「その建物の周囲において発生する通常の火災による火熱に、その火災が終了するまで耐える性能」そして「火熱に耐えるべき時間は、柱桁など構造物は1時間、軒裏等は30分」として、防火性能を有する材を指定している。

しかして、法隆寺の建物を見てみよう。屋根の本瓦葺は土葺きで二枚以上重なっている。壁は分厚い土壁であり、燃え上がることはないし、太い柱・桁・梁は、燃えて表面から3㎝炭化してもまだまだ強度は大丈夫である。即ち、法隆寺堂宇は延焼理論の防火性能の点からすれば合格点に近い。今は避雷針も消火用水も整っている。

五重塔の雲形肘木は若草から運んで黒こげた表面を削って仕上げて再使用されたのではないか。第二十一図（105頁）の写真には、縁の掘込みと舌が若干残っているように思える。収蔵庫に古材があれば、確かめたいものである。

「燃《も》え代《しろ》理論」—木材は表面から3㎝以深は燃え尽きない—についても、再度確認しよう。

建築基準法は、「木材は火熱によって表面が燃えて黒く炭化するが、炭化層の下に被膜ができる。この膜は空気を通さず、酸素の供給を遮断するために、膜より中へは燃焼が進まない。燃えないため木材組織が劣化せず木材強度は低下しない」とする。

建築確認申請では、構造計算をして構造体として必要な木材断面を求め、これに燃え代の厚さ（1時間で3㎝燃焼）を加算すれば耐火材として許可される。具体例で説明する。

例えば仮定として、前記大講堂が火災で燃えたとき、前記礎石に残る直径55㎝の柱が1時間燃えても、まだ直径49㎝の柱の強度がある。だから表面は焦げても倒壊することはない。軒の細い垂木や裏板は燃えて崩れ落ちる。

構造木材は計算値より6㎝太くして、屋根を耐火材で葺き、壁面と軒裏を燃えにくい耐火材で覆えば耐火建築と認める。こういう理論なのである。金堂壁画火災でこれは実証されている。

全国では文化財建造物に指定される前の建物、優れた文化財予備群と言える建物が沢山ある。倒れたり焼けたりしては指定もされない。まだまだ木造火災防止対策に、至らぬ点が多いようである。

Ⅳ　創建法隆寺の高麗尺

若草の創建法隆寺伽藍堂宇は高麗尺によって建てられた。しかし西院へ移建された時には、唐尺を使ったかも知れない。このようなスタンスで法隆寺使用尺度をとらえて、創建堂塔の大きさを復元してみた。最初に、移建の際に、桁と梁の何処の継手仕口が傷んでいて縮められたかを考慮した（身舎のみ。裳階、庇間は省く）。

高麗尺の１　尺＝０・３５３４ｍ。

金堂

下層　桁方向　６尺＋９尺＋９尺＋９尺＋６尺＝39尺
　　　梁方向　６尺＋９尺＋９尺＋６尺＝30尺
上層　桁方向　５・５尺＋８・５尺＋８・５尺＋５・５尺＝28・０尺
　　　梁方向　５・５尺＋８・５尺＋５・５尺＝19・０尺

五重塔

桁は一本の木材であり、継手がないため、後から柱間が縮められた心配は必要ない。浅野清博士の示しておられる数値が、当初寸法と思われる。

	隅間	中間	隅間	計
初層	5・25	＋7・50	＋5・25	＝18・00
二層	4・50	＋6・75	＋4・50	＝15・75
三層	3・75	＋6・00	＋3・75	＝13・50
四層	3・00	＋5・25	＋3・00	＝11・25
五層	4・50		＋4・50	＝9・00

（各層計は、初層18・0尺と五層9・0の寸法差9・0尺を4等分したもの）

塔の屋根と軒回りは落雷火災で被害をうけたため、移建時に改修されたものと考えている。すると、軒回りと裳階の寸法は唐尺だろうか。

中門

下層　桁方向7・0＋10・0＋10・0＋7・0　＝34・0

　　　梁方向7・0　＋10・0　＋7・0　＝24・0

上層　桁方向5・5＋7・50＋7・50＋5・5　＝26・0

　　　梁方向5・5　＋6・0　＋5・5　＝17・0

回廊

桁行・梁間共　10・5高麗尺

回廊の円弧虹梁の梁間寸法は、西岡棟梁と私とで実測し、高麗尺10・5尺（3・722ｍ）と確認した。ヤリガンナで加工仕上げされた虹梁の曲線は一本毎に若干の仕事むらがある。虹梁10本を実測した実測データーが今も手元にある。これを証拠として虹梁の張間寸法と円弧の反り上がる曲線を得た。南北24柱間、東西18柱間は推定した柱間である。

大講堂と東室については別記した。

東室に残る古い丸垂木は、直径15㎝ほどの芯去りの無節に近い檜である。太い材を四つに割って仕上げたもので、径45㎝以上の太い材から垂木4本をとる贅沢品である。棟木の上で垂木の頂部を組んで木栓で止めている。棟木を跨いで丸垂木のコンパスが並ぶとでも説明しようか（第二十九図）、丸い垂木を加工するのは面倒で難しい仕事である。同様な継手仕口が大講堂や東院の古い角垂木にあったことが報告されているが、丸い垂木は特別に加工しにくいものである。むつかしい加工を何故したのか。

これまで誰もが、屋根の垂木は棟や桁に釘打して取付けるものと、考えていた。しかし、東室の調査をしていた筆者は、古材を前にしてある時ふと思ったのである。古代の建物は、垂木を止めるのに釘を用いなかったのでは？　こう言ってみたものの、誰も耳をかすものは、本当に誰一人もいなかった。信用してくれなくて当たり前だった。

鉄は朝鮮半島南部の加耶で生産加工されて、渡来人によって持ち込まれ（異説もあり）、武器や工具を製作するためなくてならない貴重品だった。組手込栓の加工をするほうが、垂木と同数の釘を入手するよりずっと容易で安上がりであった。飛鳥時代には玉虫厨子の如き「しころ葺屋根」であり、屋根面を作るのに垂木を釘打ちして止めなくても、木栓と蔓があれば屋根が出来た筈である。とすれば、これまで文化財の調査で、棟木とか桁・母屋に、釘打ちした痕がないから屋根修理はないものとして、金堂も塔もこのように考えて対処していたのは間違いではないか。

金堂、五重塔の修理報告書に、発見された沢山の釘の写真があるが、これは垂木止め以外のものか、和銅年間以後のものと考える。飛鳥時代には、何回屋根を修理しても、垂木を取替えても、棟にも桁にも釘穴は残らなかったのである。この着眼＝鉄の技術歴史考が、法隆寺移建論の始まりとなった。古代建築の歴史を云々するには、文献資料だけでは不十分であり、技術資料と合わせて考察すべきであると思う。

【参考文献】

浅野清『昭和修理を通して見た法隆寺建築の研究』中央公論美術出版　一九八三年
竹島卓一『建築技法から見た法隆寺金堂の諸問題』中央公論美術出版　一九七五年
『昭和大修理完成記念　法隆寺展　昭和資財帳への道』小学館　一九八五年
文化庁監修『重要文化財第14巻建造物Ⅲ』毎日新聞社　一九七二年
高田良信『法隆寺の謎』小学館　一九九八年
『芸術新潮』新潮社　一九九四年五月号
国立天文台編『理科年表』丸善出版　二〇一六年
権藤成卿『日本震災凶饉攷』有明書房　一九八四年
『続日本紀』巻第十六　新日本古典文学大系12　岩波書店　一九九二年

あとがき

法隆寺の伽藍は、天智九年に全焼し、四十年後の和銅年間に再建されたとする再建論。金堂は離れて建っていたため焼けずに残った飛鳥時代の建物であるとする二寺併存説。奈良前期か飛鳥期かは未だ決着を見ない。工事中に疑問とされた30の痕跡も解明されないで記録として眠ったままであり、東室修理時に発見された礎石、柱、桁、梁、垂木が飛鳥期法隆寺の謎を解く鍵と期待していたが、その動きもない。法隆寺昭和修理古材に光る痕跡も、東室の飛鳥古材も、再建論と二寺併存説の二つの主流の底に、埋没してしまう。このようなことでは我が国の文化文明の発祥は永久に不明のままである。

これまで古建築の歴史考証は、文献の解釈に重きが置かれてきた。だが古文書や刻銘の数は限られたものであり、早期の進展はむつかしい。文献資料に法隆寺堂塔に残る痕跡30の技術資料と、東室の飛鳥古材と、新たに現代建築の科学的理論を合わせて、現代流にいえばコラボして、新たな思考を重ねたのが本書である。

これは法隆寺歴史絵クロスパズルに、新たに数倍の関連ピースが加わることである。若草の創建伽藍は全焼してすべて消えた、などあり得ないと解ってきた。五重塔に落雷して炎上し、火は金堂・中門へ延焼した。燃えやすい天井と屋根は崩れたが、主構造材は健在であった。僧房に起居する学僧は、勿論消火したであろうし、ほかの諸堂宇へ延焼させなかった。法隆寺の謎とされた不可思議な痕跡を科学的に検討して、移建によるものと解明した。法隆学問寺に大講堂がない不思議についても、移建論により解明が近づいた。

我が国は文化国家であると自認しているが、科学的に考察すると、文化文明論の始まりの第一頁が、文献記録選択の間違いから、建物の歴史が一〇〇年も遅く論じられているおそれがある。西暦六〇〇年代は、日本列島地震活動期であった。南海トラフの海溝地震と、その前後に陸地で活断層地震の記録がある。おそらく中央構造線がずれて、近畿、東海、九州の各地で建物の被害が多発したであろう。私は技術者として主要建物に残る真実の痕跡を記し、移建の幡を掲げた。法隆寺定説はこのままでよいのか、真剣に討議しようではないか。

とはいえ、すでに古建築の調査修理から離れて久しく、手元の資料も散逸し、仏教関係用語の知識も乏しいままである。修正すべき細部はあると承知しているが、先達の皆様をはじめ、読者のご意見あるいはご叱責を頂いて、更に万全を期したいと思っている。望むらくは和銅移建論が確定して、法隆寺伽藍の主要堂宇はまがうことなき飛鳥時代の建築であることを明確にしたい。それによって、我が国の美術と芸術の出発点、文化文明の黎明が一〇〇年早く、五世紀初頭に遡ることを願うものである。

平成二十八年五月

天野　正樹

天野正樹（あまの　まさき）
愛知県生まれ。名古屋工業大学建築学科卒、工学士。広島県教育委員会、奈良県教育委員会文化財保存課を経て、大成建設株式会社に入社。作業所長及び本社の社寺担当として、比叡山延暦寺横川中堂復元、真言宗智山派智積院金堂新築、真言宗御室派仁和寺御室会館新築、浄土真宗本願寺派中央仏教学院新築、日蓮宗大本山池上本門寺大堂改修など多くの有名社寺建築工事、ならびに高級居宅新築・改修に携わる。
現在、社寺企画一級建築士事務所代表。一級建築士。指定建設業監理技術者。全文連賛助会員。
著書に『よいお寺を建てるには』『お寺を地震から守る方法』（共に白馬社）がある。

法隆寺を科学する　法隆寺和銅移建論

2016年７月10日　発行

著　者　天野正樹
発行者　西村孝文
発行所　株式会社白馬社
〒612－8469　京都市伏見区中島河原田町28－106
電話075(611)7855　FAX075(603)6752
HP http://www.hakubasha.co.jp
E－mail info@hakubasha.co.jp
印刷所　モリモト印刷株式会社

ISBN978－4－907872－12－0